HIPNOSIS EN TERAPIA

Título: **Hipnosis en terapia, tres años de conversación**
Autor: **Horacio Ruiz Iglesias**
Editorial TintaMala
ISBN: 978-84-16030-17-0

HIPNOSIS EN TERAPIA,

tres años de conversación

Recopilación de los textos del blog del
hipnoterapeuta Horacio Ruiz (2011-14)

hipnosisenterapia.com

A todos y todas los que seguís mi blog.
Gracias.

Enlaces a ejercicios prácticos. Grabaciones de audio en Ivoox

En la plataforma de Ivoox.com tenéis a vuestra disposición todas las grabaciones que he ido ofreciendo en mi blog. Podéis acceder a todas ellas a través de esta dirección:

http://www.ivoox.com/podcast-podcast-Hipnosis-de-horacio-ruiz_sq_f161760_1. html

O a través del código QR

También os dejo los enlaces a cada una de las grabaciones de forma individualizada, por si alguna os llama especialmente la atención:

Ejercicio de regresión hipnótica:

http://www.ivoox.com/ejercicio-regresion-hipnotica-horacio-ruiz-audios-mp3_ rf_1519274_1.html.

Ejercicio de regresión hipnótica (2):

http://www.ivoox.com/ejercicio-regresion-hipnotica-2-horacio-ruiz-audios-mp3_ rf_1546852_1.html.

Ejercicio de regresión hipnótica (3):

http://www.ivoox.com/ejercicio-regresion-hipnotica-3-horacio-ruiz-audios-mp3_ rf_1572474_1.html.

Ejercicio de regresión hipnótica (4):

http://www.ivoox.com/ejercicio-regresion-hipnotica-4-horacio-ruiz-audios-mp3_ rf_1630989_1.html.

El inconsciente sabio:

http://www.ivoox.com/inconsciente-sabio-Hipnosis-horacio-ruiz-audios-mp3_ rf_1759374_1.html.

Reprogramación positiva:

http://www.ivoox.com/ejercicio-regresion-hipnotica-2-horacio-ruiz-audios-mp3_rf_1546852_1.html.

Inducción con metáforas:

http://www.ivoox.com/Hipnosis-induccion-metaforas-horacio-ruiz-audios-mp3_rf_2026116_1.html.

El guía interno:

http://www.ivoox.com/Hipnosis-el-guia-interno-horacio-ruiz-audios-mp3_rf_2062696_1.html.

Sanando:

http://www.ivoox.com/Hipnosis-sanando-horacio-ruiz-audios-mp3_rf_2107748_1.html.

Autohipnosis:

http://www.ivoox.com/Hipnosis-autohipnosis-horacio-ruiz-audios-mp3_rf_2139618_1.html.

Regresión:

http://www.ivoox.com/Hipnosis-regresion-horacio-ruiz-audios-mp3_rf_2181063_1.html.

Programa con Concha García Campoy:

http://www.ivoox.com/programa-concha-garcia-campoy-Hipnosis-regresion-audios-mp3_rf_2205703_1.html.

Mejora para recuperar lesiones y malestares menores:

http://www.ivoox.com/Hipnosis-mejora-para-recuperar-lesiones-malestares-menores-audios-mp3_rf_2258833_1.html.

Regresión. Nacimiento:

http://www.ivoox.com/Hipnosis-regresion-nacimiento-horacio-ruiz-audios-mp3_rf_2321356_1.html.

Las partes que te constituyen:

http://www.ivoox.com/Hipnosis-las-partes-te-constituyen-horacio-ruiz-audios-mp3_rf_2380761_1.html.

Explorando el cuerpo:

http://www.ivoox.com/Hipnosis-explorando-cuerpo-horacio-ruiz-audios-mp3_rf_2437968_1.html.

Ejercicio con PNL:

http://www.ivoox.com/Hipnosis-ejercicio-pnl-horacio-ruiz-audios-mp3_rf_2635119_1.html.

Programa de radio con Jiménez del Oso. Regresión en directo:

http://www.ivoox.com/Hipnosis-programa-radio-jimenez-del-oso-audios-mp3_rf_3066240_1.html.

Explorando el templo interior:

http://www.ivoox.com/Hipnosis-explorando-templo-interior-horacio-ruiz-audios-mp3_rf_3261454_1.html.

Las tres puertas, estados de trance:

http://www.ivoox.com/Hipnosis-las-3-puertas-estados-trance-horacio-audios-mp3_rf_3261457_1.html.

Mente abierta:

http://www.ivoox.com/Hipnosis-mente-abierta-horacio-ruiz-audios-mp3_rf_3373492_1.html.

Entradas del blog

Saludos

Bienvenidos a este espacio creado para reflexionar sobre el apasionante mundo de la Hipnosis.

Mi intención es ofrecer a quien lo desee algunas de mis pensamientos sobre la Hipnosis, los estados 'alterados' de conciencia y todo lo que tiene que ver con la investigación acerca del amplio espectro de la Psicología (esta palabra proviene de dos voces griegas: 'Psiké': alma o espíritu; y 'Logos': estudio o tratado). Con esta definición etimológica ya adelanto que, para mí, después de 30 años explorando, investigando y divulgando todo lo relativo a la Psicología, a la Hipnosis, a la Hipnoterapia, hablar de 'trance hipnótico' es hablar de mí mismo, o de ti, estimado lector/a, de ti que estás leyendo ahora estas letras a modo de saludo introductorio.

Este espacio puede ser relativamente aburrido si me dedico a escribir solo sobre mis investigaciones y no encuentro al otro lado a otras personas interesadas en intercambiar experiencias o en formular preguntas para hacer de este espacio algo creativo y enriquecedor psicológicamente hablando.

Pero tengo que adelantar y dejar bien claro un aspecto fundamental. Todo cuanto aquí escriba no será más que mi visión particular sobre lo que es una persona, es decir, un ser humano. Contemplo a la persona como un ser compuesto por cuatro aspectos o dimensiones del ser: una suma bio-psico-socio-espiritual.

En el prólogo de mi cuarto libro, 'Hipnosis, teoría y práctica', publicado por la editorial Natural, desarrollo esta visión con más detalle. Concibo al psiquismo humano, a la Psicología, como un potencial que se expande más allá del pequeño y limitado espacio del cuerpo y del cerebro. Somos algo más que un cuerpo y un cerebro. Si estás de acuerdo, estimado lector/a, bien. Y, si no, también está bien… no lo voy a discutir contigo ni con nadie. No tengo tiempo ni ganas para discutir. No pretendo convencer a nadie de nada. Que cada cual se exprese libremente mientras sea honrado y sincero con su propia experiencia. Que la contraste con las investigaciones de los grandes de la Psicología, desde Janet hasta Ken Wilber, pasando por Carl G. Jung, Tart, Cardeña, Stevenson, Wambach, Fioret, Roger J. Woolger, W. James o Patrick Drouot.

De este modo yo he comprendido que un acercamiento verdaderamente científico nos aporta una visión transpersonal del psiquismo humano. Por lo demás, que tengáis todos una bonita Navidad y os ocurra lo mejor, es decir, aquello que os merezcáis para el año entrante. ¡Ah, por cierto!, estad tranquilos. Los mayas nunca dijeron que el mundo se fuera a acabar en 2012. Lo sé de buena tinta, en 1984 estuve conversando con alguien allá en el estado de Yucatán, precisamente en el templo de Kukulcán, en Chichén Itzá.

Pero bueno, ésta es otra historia que (si es caso) contaré otro día.

Hasta la próxima entrada de este blog. Un saludo.

::::: **26/XII/2011** :::::

Conocer la Hipnosis

La Hipnosis provoca todavía cierto rechazo por parte de la clase médica, sobre todo entre los psicólogos, debido a la ignorancia que realmente se tiene de ella.

La principal problemática consiste en los falsos estereotipos (mitos) que respecto a la Hipnosis se tienen entre los no especializados en esta ancestral técnica que, aunque con otros nombres o definiciones, ha existido siempre, desde el origen mismo del hombre en la tierra.

La Hipnosis y todo cuanto la rodea ha constituido siempre un amplísimo campo de investigación, hasta tal punto que probablemente sea cercano a 100.000 el número de estudios e investigaciones sobre esta técnica milenaria. Sin embargo, lamentablemente, un recién licenciado en Psicología no sale debidamente preparado en la metodología hipnótica.

Acerca de la Hipnosis se ha escrito y dicho mucho y desde todos los puntos de vista. Existen teorías para todos los gustos, desde las que quieren presentar la técnica como un 'curalotodo' hasta las que la consideran una simple superchería que no sirve nada más que para engatusar o despertar el morbo entre la gente.

Es justo reconocer que algunos profesionales de la Psicología están corrigiendo este error dentro del mundo académico y han vuelto la atención hacia esta antigua ciencia en su empeño de escudriñar los entresijos del psiquismo humano. Por ejemplo, es en el terreno de la Psicología clínica donde se está utilizando actualmente, enmarcada concretamente en la mejora de las herramientas del psicoterapeuta para su labor profesional y clínica.

El mundo de las psicoterapias está avanzando gracias a la Hipnosis. El profesional de la medicina perfecciona su formación y se sirve de la Hipnosis, beneficiándose de su alta eficacia demostrada en su utilización empírica. Es un dato incontestable que eminentes hombres de ciencia, tanto del presente como del pasado, la han utilizado eficiente y eficazmente y que algunas instituciones o escuelas de Psicología de gran prestigio profesional y académico la han convalidado, entre otras la Asociación Americana de Psicología (American Psychological Association).

En resumen, la Hipnosis es un método eficaz porque se dan cambios en los comportamientos y conductas que el cliente o paciente ha demandado modificar (o mantener). Otro aspecto importante es que la Hipnosis viene siendo utilizada como ayuda y complemento en muchísimos tratamientos médicos y psicológicos desde hace décadas. Casi siempre lo han hecho profesionales a nivel particular o en grupos o escuelas concretas individualizadas del resto del elenco médico. Esto ha supuesto que, al no responder a una estadística mayoritariamente constatada clínicamente, la mayoría de los médicos y psicólogos la han ignorado, dejándose llevar por los prejuicios o recelos que su uso en el espectáculo ha suscitado entre el publico en general y los científicos en particular.

Pero, pese a todas estas dificultades, la prestigiosa revista International Journal of Clinical and Experimental Hypnosis valida especialmente la Hipnosis en su intervención clínica. Estos estudios la presentan como una técnica de intervención eficaz, ya que aumenta o potencia otros tratamientos. La evidencia práctica demuestra que, como afirmaba Ben Edmonson en 1986:

"La Hipnosis, como procedimiento terapéutico, puede ser considerada como una de las técnicas más antiguas que se conocen para provocar cambios en los procesos cognitivos, psicofisiológicos, perceptuales y conductuales".

::::: 1/II/2012 :::::

Hacia el sentido profundo de la terapia…

Muchas veces, cuando una persona acude a una consulta de Psicoterapia para resolver sus miedos o fobias, no sabe que, aunque viene buscando cómo resolver ese problema, al final se encontrará con algo definitivo: con su 'Psique' más profunda, con el lado menos conocido de sí mismo/a. En síntesis, puede llegar a encontrarse con su propia alma.

La Psicoterapia, la Psicología, debería ser algo más que poner un simple 'parche' al paciente que está viendo limitada su vida por alguna fobia, ansiedad o miedo. Desafortunadamente, se ha perdido hasta el verdadero sentido etimológico de la palabra Psicología, porque, ya lo he dicho en muchas ocasiones, es una término que toma su nombre de 'Psyche' (Alma) y 'Logia' (estudio de), por lo que literalmente significa estudio del alma, sin olvidar que 'Psyche' es una traducción tradicional de la palabra 'Psuche' (el aliento de vida).

Más allá del dolor y el sufrimiento concreto que motiva la consulta y sin negar que el paciente tiene el deseo de aliviar o curar ese dolor y ese sufrimiento, existe otra clave fundamental que no se debe dejar de lado: en todo proceso terapéutico debe existir la posibilidad de que la persona emprenda un camino para el aprendizaje de su alma. Sólo así se puede lograr una experiencia liberadora y transformadora que permita alcanzar la libertad. Estoy hablando de cuerpo y de mente para remontar el vuelo en alas del espíritu.

Al margen de lo bellas que puedan resultar estas frases, no debemos engañarnos. Este camino, emprendido mediante un proceso transpersonal, cuesta. ¡Vaya si cuesta! Nada del camino interior de cualquier persona se regala. El resultado final es la consecuencia de una práctica diaria y regular fundamentada en una actitud de compromiso con uno mismo/a.

Cuando surgen las dificultades no son pocos los que se echan atrás, los que abandonan al sentirse frustrados/as o decepcionados/as, convencidos/as de que la técnica no ha respondido a sus expectativas.

Aquí tenemos otra clave: las falsas expectativas y las creencias que muchas personas tienen sobre el propio proceso y sobre la Hipnosis en general. Falsas expectativas que nacen desde el error de creer que es una varita mágica que les va a resolver sus problemas de la noche a la mañana y casi sin hacer ningún esfuerzo.

Esas personas abandonan rápidamente la terapia y se van a buscar algún sanador o curandero, para ponerse en manos de alguien que les solucione rápidamente su angustia existencial, sin esfuerzo, sin implicación, sin cambio interior, sin una evolución personal hacia el autodescubrimiento.

Un profesional de la Psicoterapia debe poseer recursos, debe contar con un amplio bagaje de técnicas para la sanación del cuerpo y del alma de sus pacientes. Y la Hipnosis es una técnica con más de cien años de práctica en Occidente. No hablamos de una recién llegada. Es muy conocida y no se trata de una moda nueva venida de Oriente. Es una herramienta psicológica tan respetable y eficaz como cualquiera otra y, a veces, da unos extraordinarios resultados, curando y sanando allí donde otros sistemas han fracasado.

Por lo tanto la Psiquiatría y la Psicología debería aceptarla e incorporarla como un método más, como otro método más dentro del amplio abanico de técnicas y supuestos teóricos que utilizan las facultades universitarias en la formación de los futuros psicólogos y psiquiatras.

::::: 9/II/2012 :::::

Milton Erickson

Milton Erickson es otro ejemplo que nos invita a la reflexión. Pese a múltiples problemas físicos (dos ataques de poliomielitis en su vida), desarrolló un método de superación y conocimiento interior que pudo trasladar y aplicar después con sus pacientes. De ahí se derivó ese sistema tan peculiar y efectivo de Psicoterapia.

La Hipnosis tal y como él la concebía, el resultado de su propia experiencia interna, ha sido desarrollada a través de sus más íntimos alumnos, constituyendo la llamada Hipnosis Naturalista o Ericksoniana.

Erickson es un ejemplo a seguir, un ejemplo de autosuperación, de aprovechamiento de las dificultades que se presentan en la vida, transformándolas en algo así como herramientas que permiten conseguir el logro del objetivo.

Donde otros ven dificultades, Erickson veía precisamente la escalera para subir y otear el horizonte posibilitador de recursos. Su idea del inconsciente como fuente de recursos y potencialidades es algo extraordinario en el uso de la Psicoterapia.

Estoy convencido de que la regresión ofrece unas bases eficaces y enriquecedoras para la terapia, por la cantidad de elementos psicológicos que se ponen en juego.

Precisamente, el próximo 9 de marzo en el Centro Espírita de Madrid me han invitado a impartir una charla-coloquio sobre el apasionante mundo de la regresión: 'La influencia de la regresión hipnótica' es el título de la charla.

Ya veremos a qué conclusiones llegamos, espero que aclaremos dudas y despertemos al menos inquietudes para que la mente deje sus miedos y prejuicios académicos y se conviertan en verdaderos científicos.

Hay que recordar la necesidad de explorar, investigar y comprobar por uno mismo/a y no por lo que digan los obsoletos libros de Psicología académicos o los dogmáticos profesores, anclados en la obsesión seudo-científica que les hace afirmar que *"la regresión no es científica y provoca falsos recuerdos, es una practica iatrogénica"*.

Y yo pregunto: si no es científica y no se practica, ni se conoce, ¿cómo se sabe que es iatrogénica o produce falsos recuerdos?

¿Alguien me quiere contestar y argumentar al respecto?

Gracias de antemano.

::::: **10/II/2012** :::::

Dos respuestas para la psicóloga Alicia Alonso

Con toda generosidad, la psicóloga Alicia Alonso está dirigiéndome interesantes comentarios en este blog. Como creo que merece la pena extenderme en su contestación, he decidido dedicarle esta entrada. El título no es muy original, aunque sí ilustrador (todo no puede ser en esta vida). Bromas al margen, trataré de dos asuntos: el hipnotismo a distancia y la Psicología Transpersonal.

HIPNOTISMO A DISTANCIA:

He leído la siguiente reseña del libro 'Hipnotismo a distancia':

"Uno de los mejores libros de Paul C. Jagot, en los que explica accesible y detalladamente una poderosa técnica mental para influir profundamente sobre las demás personas sin que éstas lo adviertan. Nadie puede resistirse a la acción invisible de este procedimiento parapsicológico. Todo el mundo puede transmitir o sufrir la imposición del pensamiento. Telepsiquia. Emisión prolongada y renovada. Acciones mentales a distancia. Para influir sobre cualquiera sin que él lo sepa. Condensación de la energía psíquica. Procedimiento para provocar un estado de

Hipnosis. Para prevenir y modificar una decisión molesta. Donde la palabra ha fracasado, el pensamiento puede triunfar. Para preservar o proteger a alguno. Las formas-pensamientos. El factor tele psíquico en la trama del destino. La telepsiquia y los negocios. Despotismo y servilismo. El amor y la telepsiquia. La comunicación tele psíquica de los sentimientos. La emisión diaria. El tratamiento de las enfermedades por acción mental. Para combatir las malas influencias".

Así que, según se explica, sería algo así como 'acción del pensamiento a distancia' sobre alguien, una persona se supone, porque sobre un objeto inanimado sería imposible. No veo a los coches por la labor, la verdad.

Tele = distancia. Psíquica = mente.

Lógicamente, si aceptáramos como posible lo que cuenta o escribe este autor respecto de la acción del pensamiento sobre la mente o voluntad humana, tendríamos que aceptar que nos hallamos ante un ser casi único y con unos poderes extraordinarios para manejar a los otros individuos. Ahora bien, si este individuo tuviera este poder… ¿acaso perdería el tiempo en escribir un libro y en contar sus secretos a todo el mundo? Si fuera cierto y si fuera posible tal poder en un individuo, tendríamos al único gobernante del mundo y se acabarían los líderes religiosos y políticos. Ahí estaría el tal Jagot controlando a las naciones, individuos y demás servidumbres.

Hemos dicho muchas veces que la realidad del hipnotismo consiste, precisamente, en que se necesita la cooperación del individuo para poder ser hipnotizado. Es decir, que toda Hipnosis es auto-Hipnosis.

No cabe ninguna duda de que es el hipnotizado quien acepta las sugestiones del hipnotizador (*"Mira mis ojos"* o un péndulo o la lámpara del techo o… y *"ahora, a medida que voy contando del 10 hacia el cero, tus párpados se irán cerrando, cansados y pesados, muy pesados, se van cerrando…10, 9, 8, se cierran cada vez mas pesados…"* Debido al cansancio ocular, a las sugestiones de peso y sopor, por ejemplo, al final la sugestión surte efecto y los párpados terminan cerrándose y aparece la sensación de pesadez sugestionada por el hipnotizador).

¿Cómo sucede todo? ¿Ha sido el poder del pensamiento del hipnotizador sobre la voluntad del hipnotizado? ¡No!

Simplemente éste ha aceptado las sugestiones y, utilizando su propia imaginación, se ha auto hipnotizado. En otras palabras, que si se hubiera negado a aceptarlas, simplemente no hubiera funcionado el proceso hipnótico.

Es posible que haya gente, individuos llamados en la tradición esotérica 'iniciados', que tengan poderes de telepsiquia, clarividencia y hasta precognición. No seré yo tan soberbio, por no decir estúpido psicológicamente hablando, de negar esta posibilidad. Es más, estoy seguro (aunque no puedo demostrarlo) de que tiene que haber individuos dotados, verdaderos paragnostas (paraPsicología): personas con capacidad de experimentar la experiencia de salir del cuerpo conscientemente (desdoblamiento astral), de recordar vidas pasadas, de experimentar el recuerdo intrauterino, de tener sueños y visiones premonitorios, de ver el aura y prever acontecimientos importantes.

Sin ir más lejos, ¿qué era realmente Julio Verne? Gran parte de lo que escribía, de lo que aparentemente eran sólo sus fantasías y su imaginación, se fue convirtiendo en realidad con el tiempo.

Ahora bien, concederle estos poderes a la técnica perceptual-motriz que es la Hipnosis, me parece una broma propia de mentes calenturientas. Esto sólo puede ser aceptado por quienes nunca han practicado la Hipnosis con regularidad y mucho menos profesionalmente.

Si algún lector conoce una técnica hipnótica que demuestre lo que dice Jagot, estaré encantado de corregir este escrito y ser yo el primero en ofrecerme como conejillo de indias.

PSICOLOGÍA TRANSPERSONAL:

También me ofrece la psicóloga Alicia Alonso en uno de sus comentarios una magnífica explicación histórica del devenir de la Psicología y cómo ésta se deriva de la Filosofía. En el curso de la historia, la Psicología nunca se ha hallado a un nivel tan bajo como en estos tiempos modernos. Y eso que ahora nos encontramos con la paradoja de que se habla de Psicología y de diferentes psicoterapias quizá más que nunca en la historia.

La Psicología ha perdido todo contacto con su origen y todo su sentido. Hoy en día resulta difícil definir el término Psicología. ¿Qué significa realmente esta palabra? ¿Qué estudia? ¿Para qué sirve? Cuando alguien sale de la universidad con su flamante título de psicólogo, ¿sabe realmente Psicología? ¿Sabe realizar Psicoterapia conducente a solucionar los problemas demandados por el paciente de turno?

Me temo que no. El eminente antropólogo y psicólogo Luis Cencillo lo dejó bien claro en unas jornadas sobre 'Simbología de los sueños' celebrada hace años en el Ateneo Riojano cuando afirmó que nadie sale de la Facultad de Psicología sabiendo hacer terapia.

Resulta patético ¿verdad? Si después de varios años de estudio y preparación, la Universidad no enseña a hacer terapia, entonces: ¿Qué enseña y para que sirve la Facultad de Psicología?

La respuesta será que, tal vez, aunque mantenga el nombre de Psicología, realmente no lo es. Yo creo que los perillanes académicos nos engañan. Tiene el nombre de Psicología, pero es otra cosa.

¿Qué es? No lo sé. Y como no me van a pagar por averiguarlo, ni me molesto en hacerlo. Por supuesto que sé lo que es la verdadera y legítima Psicología. Es fácil, cualquiera puede saberlo.

La Psicología existe bajo dos categorías principales. La primera, la que entiende la Psicología como las teorías o escuelas que estudian al ser humano, al hombre y la mujer, tal y como dichas teorías lo suponen o lo encuentran al estudiarlo. Es decir, hablo de la llamada Psicología oficial (no le admito el calificativo de ciencia). Más de seis escuelas o supuestos teóricos y mas de 300 formas de hacer Psicoterapia. ¿Cómo va a ser esto una ciencia? Más bien es un cachondeo mental.

La segunda categoría estaría integrada por las doctrinas que estudian al ser humano no ya desde el punto de vista de lo que es, o de lo que parece ser, sino desde el punto de vista de lo que puede llegar a ser, es decir, desde el punto de vista de su evolución posible. Esta última corriente es la más antigua y la más original. Este enfoque permite realmente comprender el verdadero significado de la Psicología. La conclusión a la que podemos llegar entonces es:

"La Psicología es el estudio de los principios, leyes y hechos relativos a la posible evolución del hombre".

Cuáles son esos principios y esas leyes unidas a los hechos, es otra historia que tal vez contemos algún otro día.

Antes de acabar, gracias Alicia por tus comentarios.

Y ahora sí, con perdón, me voy a psicoanalizar un poco.

::::: **19/II/2012** :::::

Hipnosis ericksoniana e Hipnosis clínica

En su día, allá por 1988, Barber comentó:

"Hoy está claro que el modo en que los individuos responden a las sugestiones, depende mucho menos del éxito de los procedimientos de inducción formales (que aspiran a producir relajación, quietud mental y concentración en las ideas comunicadas por el terapeuta con la concomitante desatención a otros problemas), y mucho más de la relación interpersonal entre el sujeto y el terapeuta, la capacidad del paciente para imaginar, fantasear y tener experiencias parecidas a las hipnóticas; las expectativas, actitudes y creencias acerca de la situación; y la interacción momento a momento del terapeuta con el paciente, en la que se incluye el modo de atacar el problema, el tipo de sugestiones específicas que ofrece y la forma en que el paciente interpreta las sugestiones".

Está bien esta explicación, y otras muchas parecidas. También están bien incluso otras diferentes, en parte o en todo. Pero creo que lo fundamental es dejarse de especulaciones y de arrogancias dialécticas, porque de poco nos sirve quien presume de ser capaz de decir la última palabra sobre la Hipnosis. Todo lo relativo a la Hipnosis (una simple palabra que deriva del dios griego del sueño: 'Hypnos') es pura especulación y, además, subjetiva.

Los clínicos que se arrogan la potestad de tener la definición absoluta, quienes nos hablan de 'Hipnosis-alerta-despierta', 'Hipnosis científica', etcétera, o son unos engreídos mitómanos o intentan tomar el pelo a la gente interesada por este apasionante mundo de la Psicología.

Nada, absolutamente nada hay de científico en la Psicología. Por eso a la Psicología académica se la considera realmente una seudo-ciencia.

Y esto no es menoscabo para los psicólogos, al contrario, les viene bien saberlo. Así dejan su soberbia académica y se disponen con humildad a investigar en el campo de la verdadera experiencia psicológica que, simplemente, les llevará al autoconocimiento interior, el Sí mismo Jungiano (Self).

La introspección del amplio espectro de elementos psicológicos del alma o espíritu humano es lo que nos convierte en verdaderos psicólogos y luego en eficaces psicoterapeutas. Nadie puede guiar a nadie por un camino que no haya transitado él antes. Y en eso falla la Psicología académica (Ver a Jung, Assaglioli, Wibert, Groff, Woolger, Bamwach, Fioret, Drouot…).

Por otra parte, también se entiende por Hipnosis un estado de funcionamiento mental, con sus correlatos psicofisiológicos, en respuesta a las sugestiones.

Tradicionalmente se habla de trance hipnótico en referencia a este estado.

Así, desde este punto de vista, Barber presenta en 1996 una definición operativa:

La Hipnosis es una condición alterada o estado alterado de conciencia caracterizado por un marcado incremento de la receptividad a la sugestión, por la capacidad para modificar la percepción y la memoria, y por el potencial para un control sistemático de una variedad de funciones usualmente involuntarias.

Otros clínicos, la APA por ejemplo, dicen que no, que no es un estado de trance, ni alterado de la conciencia. ¡Menudos perillanes están hechos!, no se ponen de acuerdo ni para definirla conceptualmente.

Todo lo perteneciente a la mente, a la Psicología, en suma al psiquismo humano, es por su propia naturaleza subjetivo.

Lo que se necesita es que gente proveniente del mundo universitario se ponga a investigar seriamente el mundo del inconsciente, más allá de contemplarlo como simple metáfora. Allí están las respuestas y no en los libros de texto y en la visión dogmática y obsoleta de los profesores de Psicología, que no solo no saben, además no saben que no saben. Están tan subidos en su pedestal de orgullo y soberbia académica que, de tanto mirarse el ombligo, se han olvidado de que los demás mortales, aunque no pasemos por las aulas académicas, ¡también tenemos nuestro ombliguito!

¿Hipnosis clínica?, bueno. Se le puede dar el nombre que queramos, es la técnica que utiliza un clínico para intentar ayudar a resolver un miedo o problema a su cliente.

¿Hipnosis ericksoniana? Es el método orientado en los sistemas que utilizaba Erickson para ayudar a sus pacientes a resolver sus conflictos y alcanzar sus objetivos.

¿Diferencias?, las que cada profesional utilice, pero la definición conceptual no indica que en un principio sean diferentes. Metáforas, simbolizaciones, orientación cognitiva-conductual, sistémica, psicodinámica, etcétera, todo eso lo utiliza alternativamente cualquier profesional de la Psicología o de la Hipnoterapia si está preparado y es un terapeuta educado para tal menester.

El trance hipnótico es útil para explorar los comportamientos establecidos por el inconsciente, que es la forma en que respondemos a los estímulos.

En este estado, los sentidos se agudizan y podemos acceder a la memoria interna y los procesos internos que determinan la conducta externa.

La mayor susceptibilidad que se experimenta durante este estado es empleada por el terapeuta para reprogramar la conducta del individuo.

El acceso a los procesos internos a nivel inconsciente permite conocer cómo se originaron y modificarlos de manera positiva.

Es esa inconsciente fuente de recursos la que contiene potencialmente todo lo que el paciente necesita para modificar la experiencia y resolver satisfactoriamente su problema.

Hasta otro momento.

Me voy a auto hipnotizar un ratito a ver qué saco en claro de todo esto…

::::: 9/III/2012 :::::

Regresión hipnótica: evidente más no demostrable

La posibilidad de recordar nuestras vidas anteriores es una facultad inherente a la naturaleza psíquica de todo ser humano. Sin embargo, la mayoría pregunta: ¿Por qué yo no recuerdo mis existencias previas?

Curiosamente, en la antigüedad ciertos personajes célebres recordaban con facilidad alguna de sus anteriores reencarnaciones. Por ejemplo, Laercio nos cuenta el caso de Pitágoras, que decía de sí mismo que en otro tiempo había sido Etalides y tenido por hijo de Mercurio; que el mismo Mercurio le tenía dicho que le concedería lo que quisiese, excepto la inmortalidad y que él le había pedido que vivo y muerto retuviese en la memoria cuanto sucediera.

Sin embargo, lo más importante es saber que la memoria o recuerdo de vidas pasadas puede ser provocada o inducida. Esta inducción es la que permite que innumerables profesionales de la salud (Weiss, Woolger, Nepherton, Fioret, Wambach, Drouot, Dethlefsen…) la estén utilizando como medida terapéutica. La regresión en la memoria, sea de esta vida o de una vida anterior, está resultando altamente eficaz para acceder a la fuente de los conflictos y también a la solución de los mismos.

Mucha gente se preguntará si es posible tener estos recuerdos, por qué no recordamos nada o a qué se debe el olvido de nuestras vidas anteriores.

Gandhi contestaría:

"Es por bondad de la naturaleza que no recordamos nuestros nacimientos anteriores".

Evidentemente, la vida sería un lastre demasiado pesado, una terrible carga psicológica, si recordáramos todo lo vivido anteriormente. Pensemos un momento cuántas veces en nuestra existencia actual quisiéramos poder borrar, olvidar cosas del pasado y poder comenzar de nuevo, como partir de cero. Sinceramente, sería imposible llevar una vida social normal si todos recordáramos los actos del pasado, los fallos, errores, traumas y conflictos vividos que atormentaran nuestro presente.

Por otro lado, los investigadores han comprobado que existe una hormona llamada oxitocina que regula las contracciones uterinas en el momento del parto. Esta hormona provoca amnesia en animales de laboratorio, porque aún los mejores entrenados no son capaces de realizar sus tareas habituales después de haber sido sometidos a su acción. Se sabe que la oxitocina liberada por la mujer durante el trabajo de parto pasa a la circulación sanguínea de su hijo.

Esta sería una de las explicaciones físicas para entender el olvido de lo acaecido en el pasado. Esta amnesia es indispensable, por lo tanto, para poder asumir la nueva personalidad. No sólo olvidamos los sucesos de la anterior encarnación, sino también la angustia y la nostalgia que provocan la pérdida de un mundo de luz y de amor como lo es el de la esencia espiritual. Se dice que de allí proviene el alma, ¿no?

Al nacer, todos iniciamos una nueva vida. El olvido nos permite recomenzar de cero. Venimos al mundo en igualdad de condiciones aparentemente. Iniciamos una nueva experiencia, una posibilidad de rectificación de nuestros anteriores caminos y acciones. El olvido sería algo así como 'una amnistía cósmica'. Y si algún lector/a quiere saber algo sobre los 'falsos recuerdos' y la práctica iatrogénica, con mucho gusto escribiré al respecto.

De momento, me voy a regresar un poco a algún momento feliz y gozoso, que hay muchos…

::::: **18/III/2012** :::::

Esta vida, otras vidas

Hay dos hechos incuestionables en la vida: el nacimiento y la muerte. Así que, una vez que ya hemos nacido, lo único que tenemos seguro en la vida es que ésta se acabará más tarde o más pronto. Tenemos que morir. Nos lo dijeron los antiguos sacerdotes mayas cuando dejaron plasmado en sus códices:

"Solo unos momentos, solo unos momentos estaremos en la Tierra. Qué bueno, qué bueno, qué bueno…".

Para la mayoría de la humanidad lo más angustiante es la espera. Mientras que llega esa hora final el ser humano trata de vivir una vida de ilusión, se engaña a sí mismo con fantasías y hace caso omiso al fatal destino, convencido de que a él nunca le va a afectar.

Pero siempre hay algún momento, en medio de ese engaño, en el que se cuelan entre nuestras neuronas unos ligeros rayos de luz, dándonos un poco de conciencia, recordándonos el inevitable final. Y es en esos momentos cuando, para no sucumbir ante una angustia de neurosis existencial, el ser humano trata de pensar o de creer en la posibilidad de una existencia más allá de la muerte física. Surge el pensamiento, la creencia en la posibilidad de otro plano o nivel de conciencia en el que pueda sobrevivir.

Parte de la humanidad acepta como dogma de fe la creencia religiosa de un cielo o paraíso celestial o, en todo caso, la continuidad de la vida espiritual en otra dimensión.

También podemos contar con otra parte de la humanidad, ésa que se define como más pragmática, la de los fieles hijos de una civilización materialista que solo pueden creer en un más allá si tienen pruebas evidentes de su existencia.

Casi con toda seguridad, antes o después, nos acontece algún suceso o acontecimiento estremecedor: tal vez un accidente, una enfermedad grave e inesperada o la muerte de un ser querido. Algún hecho que nos pone ante la frontera de la muerte, a la que vemos cara a cara.

Todos tenemos algún ser querido en el más allá y nosotros, antes o después, también iniciaremos ese viaje. Por lo tanto, es menester dedicarse a investigar ese citado viaje que algún día habremos de realizar, independientemente de nuestras creencias.

Mucha gente (tanta ya como para haber despertado la curiosidad de algunos científicos), no sólo ha llegado a las fronteras que separan a la vida de la muerte, sino que las ha atravesado fugazmente. Son personas que han cruzado ese límite y han tenido unas experiencias singulares y trascendentales en sus vidas. Han llegado y luego han regresado a su vida terrenal, narrándonos la experiencia de una vida o existencia después de la vida física. Los pioneros en estas investigaciones fueron la doctora Elisabeth Kübler-Ross y el doctor Raymond Moody, entre otros.

Tampoco quiero dejar de señalar que, en otras ocasiones, un profundo recuerdo emerge con fuerza de lo más interno de la memoria, como queriendo evocar algo cuyas raíces intuimos muy profundas. Es entonces cuando la experiencia hipnótica de vidas pasadas nos hace hundirnos en recuerdos de otras existencias previas, anteriores por tanto a la actual y de las que, sin embargo, también nos vemos y sentimos protagonistas principales.

Me estoy refiriendo a dramas y tragedias, historias que desfilan ante nuestra memoria consciente estrechamente vinculadas con alguna parte de nuestra personalidad, cuyo origen y hasta existencia ignorábamos. Aquí tenemos, con la llave que abre vivencias desconocidas pero profundamente nuestras, otra de las virtudes del trance hipnótico.

Para quien no lo ha experimentado, es como si de repente se pusiera en marcha un proyector de la mente, por el que vemos desfilar otras vidas, en otras épocas, lugares y situaciones. Los hay que se ven quemados brutalmente en hogueras, predicando en alguna sinagoga o templo, como artesanos, amas de casa o soldados combatiendo en alguna terrible guerra.

Cualquiera de estos sucesos los experimentan millones de personas en Occidente. Aunque ciertamente es en Oriente donde están más familiarizados con dichas experiencias, por su cultura y tradición religiosa. En todo caso, es innegable que el occidental comienza a descubrir en las últimas décadas que gran parte de los sistemas de conocimiento anteriormente despreciados por los hombres de ciencia son de una gran trascendencia en la vida de muchas personas.

La ciencia académica materialista y newtoniana, con su visión puramente pragmática y escéptica, ha visto estos asuntos de la conciencia y del espíritu humano con cierto rechazo, hasta con burla en algunos casos. Los define como experiencias interiores, subjetivas y fantasiosas. Es decir, se limita a explicarlos como una simple alucinación de los sujetos, utilizando argumentos que simplemente tratan de tapar la tremenda ignorancia de quien los utiliza. Goethe ya lo dijo:

"El que se ríe de lo que desconoce, lleva camino de convertirse en un perfecto idiota".

En Occidente la muerte es el final, la desintegración de la identidad personal de cada uno. Sin embargo, para millones de orientales es la oportunidad que se nos brinda para que el alma individual pueda escapar de la ilusión ('Maya') y expandir nuestra conciencia con la naturaleza divina ('Atman-brahman').

Afortunadamente, parece que el interés por la reencarnación y por los temas espirituales es cada vez más intenso en Occidente. Hablar de regresiones hipnóticas a vidas pasadas es algo que comienza a resultar familiar para muchos, para todos aquellos que buscan técnicas o terapias capaces de resolver sus miedos, complejos y traumas. Cada vez son más los profesionales de la salud, como psiquiatras, psicoanalistas, psicólogos y psicoterapeutas en general, que recurren a la antigua técnica hipnótica como poderosa herramienta de cambio y solución de problemas psicológicos y hasta físicos.

Por lo tanto, mucho ganamos y nada perdemos si nos dejamos de teorías y pasamos a la práctica:

"El inconsciente es como el viejo marinero, en cuanto le invitamos a ello con un buen vaso de vino, siempre está dispuesto a contarnos sus propias y antiguas historias".

::::: 12/IV/2012 :::::

Hipnosis en Psicoterapia (moderno hipnotismo)

Psiquiatras, neurólogos, cirujanos… la medicina occidental ha reconocido las múltiples ventajas y la infinidad de aplicaciones de la Hipnosis. Esta técnica, depurada por reputados expertos, permite obtener resultados ampliamente contrastables.

No en vano todos los grandes de la Psicología, Psiquiatría, Neurología y ciencias afines de una forma u otra la han practicado: desde charcot en el hospital de la Salpêtrière en París, pasando por Bernheim y Liebault en la clínica de Nancy o por nuestro premio Nobel de Medicina, D. Santiago Ramón y Cajal (hipnotizaba a su esposa en la preparación al parto), sin olvidar a Sigmund Freud, Janet, Jung o hasta el eminente cirujano bilbaíno Dr. Areilza (este doctor utilizaba la Hipnosis en traumatizados de los accidentes mineros). Todos los grandes de la ciencia de la mente han practicado la Hipnosis.

La voz suave y monocorde del hipnólogo va sugiriendo a su paciente, que se encuentra tumbado y relajado en un cómodo sillón, envuelto en un ambiente tranquilo:

"Ahora te vas adormecer más profundamente, escuchando el eco de mi voz".

Al mismo tiempo, la persona mira un objeto brillante situado por encima del nivel de sus ojos:

"Te vas a relajar y adormecer más y más profundamente, accediendo a los recursos de tu mente inconsciente, porque toda persona tiene a nivel inconsciente todos los recursos que necesita para…".

El paciente pestañea y ya no tiene ganas de nada, ni siquiera de levantar los pesados párpados, ni de liberar su cerebro que se encuentra entumecido y somnoliento. Algunas veces siente una pesadez agradable en los párpados mientras que su respiración se vuelve más profunda y relajada, rítmica y lenta… y la voz que sigue, insistiendo. Esa voz penetrante va unida al prestigio del operador que comienza la sugestión hipnótica:

"Desde este momento tu cuerpo experimentará unas agradables sensaciones de paz y tranquilidad, curando y sanando, siente e imagina toda esa zona sanada, aliviada".

Y, con un proceso más trabajado, algo más extenso que este ejemplo que acabo de exponer, pero así funciona la Hipnosis en Psicoterapia.

Me viene ahora a la memoria lo que leí una vez sobre un caso de Hipnosis. Fue en 1956 y fue un caso excepcional. La paciente era una mujer inglesa que fue operada en estado hipnótico. La prensa de la época lo comentó ampliamente. El cirujano había trazado en el abdomen de esta mujer hipnotizada un cuadrado imaginario de veinte centímetros, respecto del que le dijo:

"Tu vientre quedará insensible, el entumecimiento se producirá dentro de los límites que estoy trazando, dentro de este cuadrado tú no sentirás nada, no sentirás dolor alguno".

Y la operación se realizó sin el más mínimo contratiempo.

Con todo esto no quiero presentar la Hipnosis como una varita mágica. Pero lo cierto es que somos más, algo más de lo que la ciencia nos ha dicho o nos dice que somos.

La Hipnosis es una herramienta para la modificación de hábitos y conductas que ya no nos sirven, así como para la optimización de recursos que aporten un nuevo patrón de comportamiento, una nueva creencia, la creencia de que podemos y debemos dirigir nuestras vidas. Defiendo firmemente que, si no podemos dirigir nuestras vidas, no somos personas, somos… Bueno, no lo sé. Cada cual debe investigarlo por sí mismo/a.

Si hay personas que leen este blog, estupendo. Si, además de leerlo, eso les motiva a explorar el apasionante mundo de la Hipnosis, enhorabuena… ¡les deseo mucha suerte!

Un saludo a todos/as.

Por cierto, que a los que no leen estos escritos… ¡mucha suerte también!

::::: 28/IV/2012 :::::

Trance e Hipocampo

Vuelvo a escribir en esta nueva entrada del blog sobre el estado alterado de la conciencia que yo defiendo. Me refiero a ese estado que facilita soluciones, amplía habilidades y ofrece recursos psicológicos. Un estado alterado de la conciencia que también han defendido, entre otros muchos, Erickson, Chertok o Rossi.

Una de los caminos que nos llevan a dicho estado es el de la inducción hipnótica. Dicho de otro modo, partiendo de un estado de vigilia, de conciencia exterior, del mundo de los sentidos cuando se está despierto y atento a lo externo, a lo sensorial… partiendo de ahí, poco a poco y con la metodología del hipnotismo, se acompaña a la persona hasta un trance profundo. Las herramientas para esta tarea son variadas, ya que puede ser el ritual clásico de las inducciones directas y sugestivas (estilo 'padre' de Hipnosis, que impone) o también la inducción indirecta, naturalista o ericksoniana (tipo conversación, con metáforas, estilo 'madre', que sugiere).

Quiero advertir, a modo de pequeña interrupción en estas reflexiones sobre el estado alterado de conciencia, que no siempre se llega a un trance profundo ni éste es imprescindible para la terapia. Pero, bueno, eso es otro asunto que ya trataré en otra ocasión.

Por tanto, vuelvo con el trance y el estado alterado de conciencia. Durante el trance se pueden dar varios fenómenos: regresiones (a la niñez, al útero materno, a supuestas vidas pasadas), amnesia, cambios ideo-motores o ideo-sensoriales y el no menos interesante fenómeno de las alucinaciones (visuales, auditivas, táctiles, gustativas y olfativas). Las alucinaciones siempre son sorprendentes, como cuando se sugestiona al hipnotizado y acaba confundiendo una cebolla que muerde con una jugosa y dulce fruta. En estos casos, el cerebro responde fisiológicamente (jugos salivares, gástricos, sabor, etcétera) como si la cebolla fuera realmente una manzana, gracias a las señales que emergen de su memoria. Este aspecto es tan importante, tan extraordinario en su complejidad neurológica, que ha dado pie a la investigación de la moderna psiconeuroinmunologia. Así, estos procesos sugestivos-fisiológicos se utilizan en el tratamiento de enfermedades graves, como cáncer, cirugía, etcétera (Bernie Siegel, Carl Simonton y otros).

Ya en 1951 un neurocirujano de la Universidad de Mc Gill de Montreal, el doctor Wilder Penfield, hizo notables descubrimientos relativos a los fenómenos perceptivos. Mediante una serie de experimentos, en los cuales estimulaba la corteza temporal del cerebro con una sonda galvánica, logró demostrar que en el cerebro se graban y evocan juntos acontecimientos más sentimientos. Es decir, cualquier hecho observable es registrado junto a un sentimiento y al evocarse siempre aparecen juntos. Ejemplo: el Hipocampo. Un niño en la escuela aprende que dos más dos son cuatro, pero acompañado de un golpe de regla que el profesor le da por torpe. Y a eso se suman los olores, los gestos, las imágenes, las sensaciones, el dolor, etcétera. Todo pasa al Hipocampo, que lo almacena para utilizarlo a corto plazo. Un día, meses, años después, el adulto recuerda –por asociación– cómo aprendió que dos más dos son cuatro y evoca y siente todas las demás sensaciones: miedo, dolor, vergüenza, rabia…

Así es como funciona nuestra memoria celular. Las células aprenden de todo eso, actuando en consecuencia, ya que el Sistema Nervioso Autónomo no distingue la realidad de algo imaginado en sus más mínimos detalles, como ya se ha mencionando (cebolla tomada por manzana).

Por lo tanto, buscando un sistema más rápido de análisis, el doctor Erick Berne se planteó que la conducta de una persona está notablemente influida por las experiencias grabadas junto a sentimientos de la infancia. Concluyó que la relación entre dos personas adultas depende de los hechos pasados por cada una y de la manera de exteriorizarlos. Por lo tanto, se dan transacciones entre ellas que dependen de la personalidad de cada uno y éstas se han formado esencialmente en los primeros siete años de la vida en el hogar paterno, por ejemplo.

::::: 7/V/2012 :::::

Saber todo de todo

Un lector de este blog interesado en estos menesteres a los que me dedico, es decir, interesado en la Hipnosis y todo lo que tiene que ver con ella (mente, Psicología, psiquismo en general…), me preguntaba hace poco acerca de pruebas científicas constatables que demostraran la realidad de la regresión a vidas pasadas.

En otras palabras, me pedía que yo le dijera o indicara si a mí, como profesional con más de 30 años de ejercicio y conforme a mi experiencia con la Hipnosis, con la Hipnosis regresiva a vidas pasadas, me constaba que la reencarnación existiera.

Él se tiene por científico ortodoxo y, según la ciencia, no hay evidencia de que una persona pueda recordar una vida anterior.

Este hombre me reconoció que tenía algún conflicto interno, que estaba experimentando algunas percepciones 'extra sensoriales' a las que no podía dar una explicación. A esto se sumaba un recurrente sueño de tipo premonitorio, porque había soñado varias veces con un familiar, que caía enfermo y eso le inquietaba.

Y su inquietud aumentó cuando ese familiar terminó en el hospital y tuvo que ser operado de urgencia. De hecho, casi no salió de la operación y además, durante la estancia hospitalaria, cogió una pequeña infección que agravó su enfermedad. Por cierto, que el otro día escuché en la televisión que anualmente más de 4.000 pacientes cogen infecciones en los hospitales.

Bueno, a lo que iba…

Podríamos plantear como esquema general del asunto que este amigo lector tenía una especie de conflicto entre sus creencias científicas, entre lo que la ciencia le ha enseñado sobre lo que es verdad y lo que no lo es, y aquello que pertenece a las tradiciones antiguas, a los mitos, a las supersticiones. Todo eso que se encuentra en diversas religiones.

Los autotitulados científicos no aceptan en sus paradigmas la creencia en la reencarnación y nadie en ese entorno se atreve siquiera a plantearla para su investigación.

Pero yo estoy convencido de que muchas cosas cambiarían si dejaran de lado parte de sus prejuicios. Si un médico, por ejemplo, se atreviese a realizar terapia regresiva a vidas pasadas a 800 de sus pacientes durante varios años y comprobara que siempre, sin excepción, eso les ayuda a resolver sus miedos, conflictos y dolencias, tanto del cuerpo como del alma…

¿Qué crees tú que ocurriría? A ti te lo pregunto, a ti que ahora me lees… ¿qué ocurriría?

¿Qué pasaría con esas 2.400 sesiones? Porque serían nada menos que 2.400 sesiones (800 pacientes por 3 sesiones de promedio dan, si Pitágoras no mentía y las matemáticas no fallan, 2.400 sesiones regresivas).

¿Qué crees que le diría el estamento médico-científico a tan atrevido doctor? ¿Qué le dirían sus compañeros?

Le dirían algo parecido a esto:

–Oiga, respetable colega, estamos comprobando a través de nuestras investigaciones y a través del seguimiento de su excelente trabajo con la regresión que su método funciona como terapia. Estamos comprobando, ya que hemos creado un comité de sabios, médicos, psicólogos, psiquiatras, etcétera, que en estas 2.400 sesiones de regresiones a vidas pasadas nadie ha emitido la más mínima queja. Al contrario, todos están contentos y felices de haber solucionado sus problemas… Queremos, querido colega, que usted nos enseñe su método, porque si a usted y a sus pacientes les está dando tan buen resultado, nosotros, el resto de los científicos, queremos ayudar y servir a nuestros semejantes. Por favor, querido colega, enséñenos lo que hace y cómo lo hace, queremos curar y sanar como usted lo está haciendo con esta técnica que, además, es barata, no cuesta esfuerzo apenas, ahorra miles de euros en medicamentos a la Seguridad Social, es decir al Estado, y…

Bueno, quiero creer que eso es lo que le dirían. Eso sería lo normal y lo lógico y hasta de sentido común (parece ser que es el menos común de los sentidos).

Pero no. Los perillanes académicos engreídos y mitómanos, cuando no envidiosos, sin saber nada de lo que este doctor hace, sin haber hablado ni con un solo paciente para evaluar de primera mano el sistema, autotitulándose como protectores de una buena praxis médica, al final, simplemente denuncian la praxis de este médico y le prohíben seguir con su labor sanadora.

¡Ay, si Galeno levantara la cabeza!

Lo tengo que decir, con perdón: me fío menos de los perillanes académicos y sobre todo de los clínicos y psicólogos de diferente pelaje (cognitivo-conductuales o de otras escuelas) que de un mono 'despendolao' en época de celo y con una navaja barbera cerca de mí… Siempre están con frases en la boca del tipo 'eso no está admitido o aceptado… por la ciencia'.

Pero si la Historia nos enseña algo, no podemos olvidarnos de lo que le dijeron a Galileo cuando le iban a dar chicharrón si no se retractaba de ese supuesto disparate que él mantenía; aquello de que la Tierra no era el centro del Universo, sino un planeta más que gira alrededor del Sol.

En fin. Nada hay científico, estimado lector/a, así que aclara tus dudas, despeja tu cerebro, respira profundamente y sé feliz, si puedes…

Es cuestión de proponérselo.

¿Quién puede demostrar la existencia de Dios? ¿La ciencia, los científicos?

Nadie, creo yo, al menos de momento. Y, sin embargo, la existencia de Dios es, junto con la reencarnación, la creencia más antigua y universal del mundo. Compartida por todos los pueblos, por todas las civilizaciones, culturas, filosofías…

Y para ser más simple y hacer una pregunta de andar por casa, vamos, de esas que hasta el más simple de entendimiento puede contestar:

¿Quién me puede demostrar objetivamente que existe el pensamiento?

O aquello tan nombrado por la ciencia: ¿Quién ha visto alguna vez la energía separada del movimiento?

Ahora bien, tiene que haber un sistema o método para salir de dudas, estoy seguro.

La respuesta está dentro de uno mismo/a.

Creo sinceramente que la inquietud y la devoción por el autoconocimiento ante las grandes interrogantes de la vida es el mayor tesoro que un ser humano puede haber traído a la existencia.

¿Quiénes somos, qué razón o significado tiene nuestra existencia, para qué venimos al mundo?

Ya iremos conversando en días venideros.

Un saludo incluso para los que creen que saben todo y de todo.

::::: 17/V/2012 :::::

Vivir y respirar

Es evidente que somos algo más que un simple cuerpo material y un cerebro pensante. Para conocer el mundo exterior tenemos los sentidos de percepción sensorial tales como la vista, el gusto, el tacto, el oído y el olfato. Tenemos estos sentidos, además de numerosos instrumentos que la ciencia utiliza para conocer desde lo infinitamente pequeño, como el átomo, mediante un microscopio, por ejemplo; a lo infinitamente grande, como el cosmos, los planetas y las galaxias, mediante un telescopio o sondas que envían al espacio.

Pero para conocer el mundo espiritual o energético, los sentidos de percepción externos no bastan. Necesitamos activar una facultad inherente a la conciencia humana, lo que en la tradición yóguica se denomina la 'conciencia testigo', es decir, la capacidad de autoobservación.

El método de conocimiento de la ciencia es lo observable. El método del conocimiento interior es la autoobservación.

Paul Chauchard, biólogo de la Universidad de la Sorbona en París, dice:

"Todo el mundo mira al exterior, yo quiero mirar a mi interior".

Los maestros budistas Zen nos dicen que la verdadera sabiduría y la intuición residen en nuestra mente inconsciente. Lo dicen las viejas tradiciones y filosofías: el inconsciente es fuente de creatividad y recursos.

El doctor Milton Erickson dice que:

"Realmente, el inconsciente de toda persona tiene todos los recursos que necesitamos para cambiar nuestra experiencia y resolver nuestros problemas".

Somos algo más que un cuerpo y un cerebro. El inconsciente es algo más que un simple depósito de instintos y deseos reprimidos. Yo os invito a que lo descubráis, a través de un viaje interior. Un viaje mediante la mirada interior.

Es cierto y de toda verdad, comprobado mediante la experiencia, que vivimos en un mundo de locos, engreídos, vanidosos, corruptos y gente criminal... Y entre esa manada de depravados, psicológicamente hablando, también hay gente buena, personas que nacen, crecen, viven, se casan y reproducen. Gente con la que recuperas un poco la confianza en el prójimo, en el ser humano.

La vida nos tiene que enseñar, mejor dicho, el paso inexorable de los años nos enseña que vivimos en una tremenda ignorancia acerca de lo verdaderamente importante y trascendental en la existencia.

Son las eternas preguntas: por qué y para qué vivimos, cuál es la razón o significado de la existencia.

¿Hay algo, vida o alguna forma de existencia, antes de encarnar en un cuerpo de carne y hueso? Al morir, ¿queda algo en otro plano o dimensión de existencia? ¿Realmente seguimos 'existiendo' como 'arquetipo', tal y como decía Jung? ¿El alma, o 'Psike', sigue existiendo en alguna forma energética o similar?

¿Es apropiado hacerse estas preguntas tan trascendentales? ¿O es simplemente una forma gratuita de complicarse la vida? Bueno... mi tío Conrado, que era algo así como un filósofo presocrático, solía decir que éstas eran las preguntas, casi las únicas que realmente merecían la pena plantearse a lo largo de la vida.

Pero añadía también, como buen presocrático, que, aparte de estas preguntas, lo más importante no es solo preguntarse y filosofar al respecto, sino sobre todo aprender a vivir el presente, el día a día, que es lo único que tenemos. Y, sobre todo, mi tío decía que no había que olvidarse de respirar lo suficiente y con la frecuencia adecuada. Añadía que, después de respirar, lo más importante, la base o fundamento de la existencia es apañarse uno para hacerle la vida más feliz al prójimo; bueno, más concretamente a los seres queridos… Si cada prójimo hace eso para con los suyos… ¡oye, que tal vez ahí está la solución de los problemas a la crisis, porque si confiamos en lo políticos ¡apañados estamos!

En fin, lamento deciros que la vida no tiene solución en cuanto a cómo vivirla. Así que respira, sé feliz y no te olvides de hacer feliz a los tuyos. Y que los otros se encarguen de tal menester y hagan también felices a los suyos.

Respira, sí, simplemente respira… porque donde está tu respiración, está tu vida y en ningún otro lugar.

Eso es, respira…

Que seáis tan felices como os merezcáis.

::::: 25/V/2012 :::::

Algo más que cuerpo y cerebro

El Libro Tibetano de los Muertos, también llamado 'Bardo Thodol', es una guía de instrucciones para los muertos y los moribundos. En este libro se considera que la muerte dura 49 días y que, después, sobreviene un renacimiento en el ciclo de la reencarnación. Basándose en esa creencia, el libro da algunas recomendaciones a tener en cuenta durante ese periodo intermedio del 'Bardo'.

El libro se lee al moribundo o recién fallecido como una guía para penetrar en el nuevo mundo de la muerte. El bardo se convierte así en una especie de estado intermedio entre la muerte y renacimiento. En el budismo tibetano se cree que al morir la conciencia de un individuo entra en este estado denominado 'Bardo', entre la muerte y la próxima vida, en el que se supone que el alma se prepara para renacer.

El que llega al momento de su muerte preparado, con una conciencia madura espiritualmente, experimenta la gran luz, fuente de toda energía y vida, con la que el que ha muerto puede fundirse y alcanzar la liberación a través del 'Nirvana'.

Pero si la conciencia no puede permanecer fija en esa gran luz, descenderá a reinos inferiores y se encontrará con deidades pacíficas o airadas, con las que copulará. A partir de ese instante, la conciencia entra en el vientre de una mujer y renace en la tierra.

Esto es lo que nos plantea la cultura y la religiosidad tibetana.

Lo curioso del caso es que gente de otras latitudes, de otras religiones y costumbres que no conocen ni de oídas la cultura tibetana y mucho menos el 'Bardo Thodol', llegan a tener experiencias íntimas muy parecidas a las que se narran en este libro.

Hace años, trabajando en Hipnosis con un cliente derivado de la consulta de Psiquiatría del doctor Fernando Jiménez del Oso, tuve la oportunidad de tener un acercamiento directo a estas experiencias del llamado 'estado intermedio'.

Narrada muy sucintamente, ésta es la historia.

Un hombre de 40 años lleva la mitad de su vida en una silla de ruedas por un accidente de coche. Los médicos le han diagnosticado un ligero brote de esquizofrenia paranoide. Esta esquizofrenia está en una fase muy débil, según él, y supone una extensa paranoia, según los médicos. Es un tipo extraordinario, porque a pesar de sus limitaciones físicas, no necesita ayuda de nadie y se las apaña magníficamente con las tareas cotidianas de su casa y hasta maneja perfectamente su coche. De hecho, viviendo en un pueblo alejado de Cantabria, viaja con regularidad a Madrid donde busca aparcamiento (lo cual ya es de por sí casi milagroso), desmontando y montando la silla de ruedas con autonomía. Por su propia iniciativa y sin ayuda recorrió las aceras hasta llegar a la calle donde estaba el gabinete. Allí llamó al timbre y esperó pacientemente hasta que se le abrió, necesitando únicamente ayuda para llamar al botón del ascensor. Después de terminada la consulta, le ayudé a bajar de nuevo y le vi perderse entre el trafico y la marabunta de gentes hasta regresar a donde estaba aparcado su vehículo. Volvió de nuevo por sus medios a su casa. Yo me admiré por su actitud, su coraje y su pundonor.

Este hombre valiente me vino a la memoria hace poco, cuando vi a un tipo de más de 80 años que intentaba abrir una caja de leche y que no era capaz ni de dar vueltas al tapón enroscado. Llegó a coger un cuchillo y la rajó por otro lado. Sólo así lo consiguió. Por no saber, no sabe ni ducharse solo… ¿la edad? No, porque cuando era joven, 30 o 40 años, su mujer tenía que ducharle ya que él no se aseaba bien… ¿tonto? No, ya que a la hora de ponerse en la mesa a comer es el primero y el último que se levanta.

Pues bien, este hombre admirable de 40 años que debe convivir con una silla de ruedas, me pidió que le ayudara a conseguir algo que los psiquiatras, con toda su ciencia y arsenal de fármacos, no habían conseguido. Me pidió que le ayudara a recordar y saber el significado de unas visiones oníricas que le venían acompañando y le angustiaban desde que tenía unos dos o tres años de edad.

Con esa edad, tenia constantes sueños repetitivos en los que se veía o se sentía como una bola de luz, una energía luminosa en algún lugar del espacio, como en el cielo. No sabía verbalizarlo de otra manera, pero me relató que era consciente de que se estaba preparando para bajar al mundo de la forma física. Me contó que, en aquel momento, siendo un niño de tan pocos años, no lo lograba entender pero que, ahora con 40 años, tenía la impresión de que era una especie de lugar o estado en el que las almas se preparan para renacer. También me explicó que junto a él había cientos de luces, que él apreciaba como otras almas esperando a descender a la tierra. Cada una de esas luces tenía a su vez otra luz mayor, una especie de guía o espíritu maestro que marcaba la orientación, indicando cuándo y cómo renacer. Este hombre aseguraba que, en su visión, esos guías daban consejos e indicaban las condiciones en que cada alma viviría en la Tierra, así como la misión que debía cumplir cada cual.

–"Yo quería renacer rápidamente –me explicó con cierta tristeza reflejada en el rostro–. Mi guía o maestro no me lo aconsejaba y me decía que no era el momento, que debía esperar un poco más, porque si bajaba rápidamente lo pasaría mal, tendría un grave accidente. Me mostraba imágenes de cómo sucedería todo, con un accidente, una invalidez de por vida, dolor y llanto. Eso era lo que me aguardaba si me precipitaba y decidía bajar en contra de sus consejos. No le hice caso. Me empeñé en bajar y, por desgracia, todo se fue cumpliendo: nací en un hogar de gente bruta, primitiva, que me traumatizaron, era un pueblo perdido en la montaña con gente beata y supersticiosa. Además, un loco de atar que se las daba de profeta me tomó manía cuando yo tenía 3, 4, 7, 8 años. Decía que yo era el 'hijo de la perdición' que cita la Biblia. En fin, un mundo de locos de atar y fanáticos de ideas obsoletas y sectarias. Y cuando llegué a los 20 años, tal y como me había mostrado mi guía antes de tomar cuerpo físico, tuve el accidente. Un amigo y yo nos metimos en su coche, de noche, para dirigirnos a la fiesta de un pueblo vecino y, en la curva de la salida del pueblo, en la curva donde yo tenía visiones trágicas del accidente casi desde que era un bebé, nos chocamos. Fue por exceso de velocidad. Él murió en el acto y yo quedé como me ves ahora, en una silla de ruedas de por vida. Todo, todo lo que me anticipó mi guía espiritual allá arriba se ha cumplido".

Escuché atentamente su relato. Por muchos años que lleve haciendo terapias y cursos, no dejo nunca de asombrarme con las historias que me suelen contar mis clientes/as y alumnos/as. En estos momentos es cuando se conoce verdaderamente a la persona: escuchando sus relatos, lo que dicen y cómo lo dicen.

En los libros de texto académico no hay nada más que teorías y supuestos con los que intentan explicar qué es una persona.

¡Error!

Eso son relatos obsoletos, limitados y falsos sobre la verdadera psique humana.

–¿Qué quieres que yo haga, qué piensas que puede hacer la Hipnosis por ti? –le pregunté.

Respiró profundamente. Exhaló largamente, desahogando cierto nivel de ansiedad y me contestó:

–En realidad nada, no espero milagros ni nada por el estilo. Solamente quiero que me ayudes a volver a la etapa de los 3-4 años, que me ayudes a recuperar aquellos recuerdos y, si es posible, volver a tener aquella edad. Quiero saber más, quién era aquel guía, qué tengo que comprender, etcétera. Todo esto encierra un misterio que me angustia y que necesito comprender. La Psiquiatría dice que lo que tengo, que esos recuerdos y sueños, son solamente paranoias mías creadas por mi infancia entre aquellas gentes supersticiosas. Pero yo no lo creo, sé que desde pequeño tenía aquellos recuerdos, aquellos sueños. Yo desde niño ya sabía cómo iba a transcurrir mi vida. Sabía desde muy niño que no me casaría, por ejemplo, que tendría un grave accidente. Eso lo sabía, lo recordaba desde que tengo uso de razón.

Cuando escuchas estas explicaciones y sabes que quien te las cuenta no te miente, concluyes que parece existir un estado de conciencia previa a la entrada en un nuevo cuerpo físico.

¿Vida antes de la vida?

Seguramente que esta experiencia que me contó este paciente apunta en esa dirección.

¿Investigar este caso y otros cientos parecidos es de verdadero científico?

Realmente este hombre me contó muchas más cosas, igual de fantásticas, que no relato por razones de espacio (tal vez otro día lo cuente).

¿Qué podemos reflexionar o concluir de esta historia?

El lector/a de este blog me perdonará pero, sin ánimo de sentar cátedra de sabiondo, creo que estos relatos apuntan a esta realidad, evidente aunque no demostrable: somos un alma, psique o espíritu, que tiene existencia en algún plano fuera del cuerpo físico, porque lo físico al final es nada más y nada menos que el vehículo a través del cual se expresa esa compleja (y difícil de definir) energía llamada consciencia.

Somos algo más que un cuerpo y un cerebro. La dimensión transpersonal es inherente a la condición humana, como lo es la humedad al agua.

Lo sé porque utilizo el verdadero método científico, esto es, investigo con metodología específica, una y mil veces, sobre mí mismo (autohipnosis, meditación y mi propio hipnoanálisis), así como sobre cientos de clientes y alumnos. Todos compartimos estos métodos, estos sistemas. Y, cuando lo hacemos con regularidad, las experiencias van aflorando. Ésta es nuestra vivencia propia, porque somos científicos prácticos y no teóricos.

Estimado lector/a, haz tú lo mismo… verás como llegas a conclusiones parecidas. Y recuerda que, como dijo el sabio:

"Toda teoría es gris y sólo es verde el árbol de doradas frutas que es la vida".

O algo así.

::::: **12/VI/2012** :::::

La metáfora de la mariposa

Explorar, conocer, saber y poder.

Recordemos la metáfora de la mariposa. Me refiero al relato del proceso del despertar de la oruga, su cambio desde que se encuentra en el interior de su crisálida hasta que revolotea por el espacio, una vez que se ha transformado en una mariposa de bellos colores.

El Doctor Armando Nougués nos dice en su magnífica obra 'El despertar de la oruga' (Editorial ECU), lo siguiente:

"Una oruga es un ser que repta por la tierra o por las ramas de alguna planta. Muchas personas las confunden con los gusanos. Pero un gusano es un ser vivo cuya forma adulta es esa, mientras que una oruga no es más que una de las fases del desarrollo de cierto tipo de insectos, al final de la cual aparece ante nosotros un ser de mayor belleza: la mariposa".

Los modelados de Hipnosis y Programación Neurolingüística (PNL) en formulación específica de objetivos abordan precisamente esta transformación mágica y a la vez natural a nuestras potencialidades latentes. Todo lo relativo a qué somos y qué podemos ser, a cómo somos y a cómo podemos ser, a qué hacemos y cómo podemos hacerlo.

El término 'programación' en el ámbito de la PNL está relacionado con el hecho de que podemos cambiar nuestros pensamientos o programas. Podemos cambiarlo desde lo que son hasta lo que quisiéramos que fuesen.

Porque si una persona está presa de pensamientos negativos, su lenguaje por consiguiente también estará lleno de expresiones negativas. Piensa, siente habla y… actúa negativamente. La PNL nos propone actuar y cambiar nuestros pensamientos negativos, de modo que trabajamos para reformularlos en positivo. Es en esta tarea donde resulta fundamental la figura de la metáfora, como herramienta para crear nuevos significados.

Hablar del lenguaje terapéutico y de la manera en la que las palabras promueven la búsqueda de significados positivos es referirse a la metáfora, acompañada de trance hipnótico para movilizar todo ese esquema negativo que domina nuestra mente.

El uso de la metáfora en la Psicoterapia está relacionado con modelos que enfatizan el lenguaje indirecto, como ocurre fundamentalmente con la Hipnosis Ericksoniana, entre otros modelos.

La creación de cuentos terapéuticos se centra en el uso de la metáfora, precisamente mediante el lenguaje indirecto para la presentación de la historia, que tiene varios niveles de comunicación: uno el de la historia y la trama y otro el del significado implícito con el que se crean internamente símbolos, imágenes y sensaciones, desde los cuales se realiza una búsqueda de significados relevantes y se conectan aquellos aspectos que permiten generar ideas para cambiar o descubrir nuevas formas de ver, sentir o pensar el problema.

Esa característica del lenguaje metafórico, la de ser una comunicación en varios niveles, permite que el contenido implicado movilice a la persona para que ella, de manera automática y al imaginar formas, sonidos, colores o imágenes, se contacte con lo relevante y se promueva la búsqueda de alternativas.

Toda persona tiene dentro de sí todos los recursos que le permiten el cambio de la experiencia y el logro de sus objetivos. Por lo tanto, la metáfora terapéutica es una estrategia de intervención con muchas posibilidades de aplicación y con gran efectividad en la resolución de los problemas psicológicos.

Y ésta es la forma universal y atemporal con la que los maestros siempre han enseñado: Buda, Cristo…

¿En qué fase del proceso de transformación estamos, estimado lector/a de este blog?

Que tengas una buena metamorfosis, si ése es tu deseo, pero en la dirección decente…

::::: 26/VI/2012 :::::

Embarazo: un alma y dos cuerpos

Cuando unos padres o una mujer embarazada son ayudados y preparados mediante la Hipnosis terapéutica, resulta altamente gratificante ver cómo la gestación y el parto discurren de una manera más sencilla y satisfactoria.

La preparación de la mujer embarazada no solamente concierne a las pruebas y controles ginecológicos habituales, sino también y de manera especial al campo de lo psicológico. Este aspecto abarca lo emocional, el cariño que debe imperar en esos momentos tan especiales que vive la madre, el niño que lleva en su vientre y su pareja.

Leonardo da Vinci dijo:

" *Una misma alma gobierna dos cuerpos… Todo querer, deseo supremo, temor o dolor del espíritu de la madre alcanza poderosamente al hijo*".

Esto quiere decir que nuestros antepasados eran perfectamente conscientes de que las experiencias positivas o negativas de la mujer embarazada se grababan en su hijo no nacido. En la antigua Esparta, a las mujeres encintas se las rodeaba de cosas hermosas y estéticas, música, escultura, flores y naturaleza, para crear un ambiente donde reinara la armonía y la belleza. Y se las trataba con amor, cuidado y respeto a su función eminentemente 'sagrada', porque sagrado es albergar en su seno a un alma, a otro ser humano.

Muchas de las antiguas culturas evolucionadas en estos aspectos del espíritu aconsejaban a las embarazadas alejarse de hechos negativos o aterradores. Es decir, a través del tiempo se han comprobado las poderosas influencias que ejercen los miedos y la ansiedad de la madre sobre el feto. Es curioso, pero hasta en escritos de la Biblia o en los del padre de la medicina, Hipócrates, encontramos información acerca de las influencias prenatales.

Un simple ejemplo, en uno de los evangelios (Lucas, 1:44), se relata cuando María entró en casa de Zacarías y saludó a Isabel: así que oyó Isabel el saludo de María, saltó de gozo el niño en su seno y se llenó Isabel del Espíritu Santo.

"Porque así que sonó la voz de tu saludo en mis oídos, el niño saltó de alegría en mi seno".

El doctor Aldred Tomatis trató en cierta ocasión a una niña de cuatro años de nombre Odile. Padecía de autismo y era casi insensible a la palabra hablada. Al margen del idioma en que se dirigían a ella, al cabo de un mes la niña empezó a hablar y prestar atención, lo que provocó la lógica alegría de sus padres, emocionados al ver este importante progreso de su niña.

Ellos hablaban en francés. Sin embargo, la niña mejoraba cuando hablaban en inglés. El enigma se aclaró después: la madre se dio cuenta de que durante la mayor parte del embarazo había trabajado en una empresa donde prácticamente todo el mundo hablaba en inglés.

Por otro lado, aunque fuertemente influenciado por la concepción neurológica y biológica de la ciencia de su época, Sigmund Freud realizó una importante contribución a la Psicología prenatal. Fue cuando demostró más allá de toda duda que las emociones y los sentimientos negativos de la madre influyen adversamente en el niño. A este planteamiento se le puede dar la vuelta, porque a la inversa funciona igualmente, es decir, los sentimientos positivos benefician al bebé que se está gestando.

Lo más importante es su comprensión de que los estados emocionales negativos pueden crear dolor o incluso cambios físicos en el organismo. Dio a estas ideas el nombre de enfermedad psicosomática.

De aquí que muchos investigadores piensen que, si esto es cierto, lo lógico es pensar que las emociones de la madre puedan modelar la personalidad del niño intrauterino.

Para algunos sectores de la ciencia médica, el feto, la criatura que se gesta en el útero materno, es un ser que *"ni siente ni padece"* (expresado coloquialmente). Pero la tecnología en los últimos años ha avanzado extraordinariamente en este campo. Neurólogos como el doctor Púrpura, de Nueva York, la doctora Salam y el doctor Adams, de Harvard, audiólogos como el doctor Wedenberg de Suecia, y obstetras como el doctor Ferrería de Palo Alto, así como muchos otros muchos investigadores médicos, han demostrado sólidas e indiscutibles pruebas fisiológicas de que el feto es un ser que oye, percibe y siente.

Una vez comprendido todo esto, hay que concluir que en el embarazo pueden plantearse varias circunstancias que deben ser tenidas en cuenta por los profesionales, por la influencia que va a tener en la vida del futuro niño o niña.

Me refiero a la posibilidad de que la futura madre tenga alguna alteración emocional anterior, que padezca de depresión endógena o exógena, o cierta angustia, miedo o estrés excesivo ante la eminencia del embarazo y posterior parto. Me refiero también a la los habituales desajustes emocionales, psíquicos y hasta físicos de los primeros meses debidos al cambio hormonal.

Ante todas estas situaciones, es perfectamente comprensible que la embarazada se asuste o no comprenda dichos cambios.

Por eso hay que estar muy atentos en terapia a la evolución psicológica y emocional de la madre.

Y, después, si nos encontramos con un paciente adulto, nunca estará de más repasar cuáles eran las emociones que dominaban a su madre durante aquellos nueve meses en que fueron un alma con dos cuerpos, como dice Da Vinci.

::::: 1/VII/2012 :::::

Un curso en Canarias

Ese viaje a Gran Canaria me tenía un tanto expectante.

¿Cómo reaccionaría el personal, la gente en general y los interesados en particular ante la convocatoria de acudir a un lugar donde se impartiría una charla-coloquio sobre Hipnosis?

Ante tanta noticia y acontecimiento que a cada momento y a cada minuto vierten los medios de comunicación (guerras, desastres ecológicos, la miseria, la crisis…), ¿a quién podría importar que un tal Horacio Ruiz, hipnólogo (o algo así) fuera a impartir unas conferencias en tierras insulares?

¿A quién podría interesarle saber que la Hipnosis es un optimizador y un amplificador de recursos que potencia toda Psicoterapia realizada en estado de trance?

Bueno, pues interesó a mucha gente y, cómo no, también a algunos clínicos que se acercaron a participar en el evento… ¡Hasta un alcalde y algún concejal del ayuntamiento se interesaron por las conferencias! ¡Y alguno acudió al taller!

Las dudas se disiparon, grupos más o menos amplios de personas interesadas acudieron a los centros desde los cuales se impartieron estos temas, para algunos, sobre todo para mí, apasionantes.

En Telde me encontré un grupo pequeño pero selecto de gente interesada, antiguas caras conocidas para mí. Allí tuve la alegría del reencuentro, los viejos recuerdos y la emoción por momentos pretéritos pasados juntos, precisamente compartiendo esta herramienta llamada Hipnosis.

Con el abrazo agradecido de Pino, de Fátima, me di cuenta de que merece la pena el esfuerzo de enseñar y compartir. Y al final me enseñaron más a mí que yo a ellos.

Personas, almas o espíritus que se acercan, preguntan. Todos, al final, unidos en un mismo propósito.

Tal vez se vislumbran de tiempos pasados una vinculación, unos lazos kármicos. Esa cara, esa persona, ese ser entrañablemente familiar. Y sé que no es de esta vida.

A veces el conocido 'déjà vu'.

'Déjà vu' (/deya vy/, en francés 'ya visto') o paramnesia, es la experiencia de sentir que se ha sido testigo o se ha experimentado previamente una situación nueva. Este término fue acuñado por el investigador psíquico francés Émile Boirac (1851-1917) en su libro L'Avenir des sciences psychiques / 'El futuro de las ciencias psíquicas', basado en un ensayo que escribió mientras estudiaba en la Universidad de Chicago.

Experiencias universales que nos hermanan y nos fusionan en esa búsqueda inquieta y esquiva a veces. Estamos unidos extra-cerebralmente, son las llamadas emergencias espirituales.

En un momento de la charla-coloquio pedí un voluntario y surgió algo mágico: sin pensar, actuó el inconsciente y esa persona entró en trance, provoqué analgesia en su mano y le clavé una aguja, que entró suavemente y sin el más mínimo dolor. Se elige esta zona del dorso de la mano sin dañar venas o arterias, un punto donde el tejido es blando y sin peligro alguno.

A la persona hipnotizada le pedí que se disociara del momento.

"Tu cuerpo dormido aquí... Tu mente libre viaja en el espacio libre, a tu paisaje favorito... allí verás y recordarás aquello que debas ver ahora... cuando sea apropiado para ti".

Los recuerdos afloran porque el inconsciente es como aquel viejo marinero dispuesto a contar sus antiguas y extraordinarias historias, algunas fantásticas, a cambio de un par de vasos de vino.

En unos minutos la persona entró en trance hipnótico y le induje la catalepsia, analgesia y relajación profunda para la disociación.

Los hipnotistas también llaman catalepsia para referirse a un estado en que inducen a la persona a la que hipnotizan a mantener los brazos, piernas o la espalda rígida. El 'brazo cataléptico' es utilizado generalmente como una prueba prehipnótica con el fin de lograr posteriormente un estado hipnótico más profundo. Analgesia hipnótica: dentro de la Hipnosis se puede describir varios fenómenos, entre ellos se destaca la analgesia hipnótica, la cual es un proceso inhibitorio activo que implica varios sistemas cerebrales, atencionales e inhibitorios. Si una mano es 'hipnotizada' y se produce analgesia, cuando se clava una aguja por ejemplo, la persona nota esa aguja pero no siente el más mínimo dolor (ver doctora Helen Crawford de la Universidad de Virginia).

¿Misterios de la mente? ¿Poder de la Hipnosis? ¿Potencialidades naturales del cerebro humano?

Esta experiencia se repitió en todos los lugares y el público, los amigos que acudieron, participaron con tanto interés que los amables conserjes encargados de cerrar a las 21:30 (que era el horario establecido) tuvieron que esperar pacientemente hasta las 23:00 horas. Aprovecho desde aquí para agradecer su interés, su amabilidad y su paciencia. Uno de ellos me comentó que había pedido cambio de turno con un compañero porque a él precisamente le apasionaba el mundo de la Psicología y de la Hipnosis.

Luego con el fin de semana llegó el Taller sobre Autohipnosis y Formulación de Objetivos en PNL. Se desarrolló perfectamente, sobre todo por la acertada exigencia de los alumnos/as y el enorme interés que demostraron.

Ellos me pusieron a prueba. Tuve que echar mano de los enormes recursos que la Hipnosis me proporciona y darles las herramientas necesarias para que aprendan a utilizarlas en su vida personal y profesional. Herramientas para que se vuelvan más seguros y capaces, optimicen sus recursos y amplifiquen sus posibilidades de mejorar su calidad de vida.

¿Milagro hipnótico o poder de la Hipnosis?

No, simplemente les enseñé a manejar su propia mente para hacerla más eficaz y efectiva. Como si dijéramos, a manejar el volante de su propio coche. Fui ese fin de semana el profesor de autoescuela que les enseña a conducir un coche. Pero fueron y son ellos/as los que deben conducir su propio vehículo. Depende de ellos, el mérito será de ellos, el logro de resultados positivos será de ellos también.

Y qué bueno que sea así…

Lo dice M. Yapko:

"Enseñar lo que haces a quienes acuden a ti es un medio que permite asegurar a tus clientes que serán capaces de continuar trabajando de forma independiente y crecer en tu ausencia. Aprenderán a desarrollar su creatividad, su autoestima y la confianza en sí mismos".

Que así sea.

Un cordial saludo a todos/as los que caminan con el corazón tranquilo y la mente inquieta por seguir aprendiendo.

PD:

No, no me olvido del alma mater de toda la organización, Juanate Gil, excelente profesional y encantadora anfitriona. Un abrazo enorme y muchas gracias porque, de no ser por ti, no se hubiera desarrollado todo tan perfectamente. Y tampoco me olvido de Juan Jesús Doreste, que no perdió detalle de todo lo ocurrido y me ayudó a que tuviera una mayor difusión. Juan Jesús, de mente preclara, compañero de viejos caminos en quién sabe qué antiguas andanzas. Un abrazo para los dos.

Siempre tengo ganas de volver a Canarias.

Y cambio y corto que, si no, esto se me va a hacer demasiado largo…

::::: 22/VII/2012 :::::

Hipnoterapia

Concepto de un tipo de terapia aceptado por muchos profesionales clínicos, pero también negado por muchos otros, puesto que hay quienes lo niegan desde el prejuicio de que no existe ningún sistema o protocolo de actuación terapéutico con la Hipnosis y, por tanto, no se podría hablar estrictamente de 'Hipnoterapia'.

A mi juicio, se trata de una técnica que consiste en influir sobre el subconsciente del sujeto con la finalidad, como en cualquier otra Psicoterapia, de aliviar o transformar unas pautas de conducta indeseadas.

Así, en principio cualquier desarreglo de tipo psíquico es susceptible de ser tratado mediante Hipnosis, ya sean fobias, depresiones o ansiedad, así como tics nerviosos o insomnio, entre otros.

Aunque debo advertir de que, para realizar una buena Hipnoterapia, hay que tener en cuenta infinidad de aspectos que sólo conocen bien y pueden manejar correctamente los profesionales de la salud, y me refiero aquí a médicos, psiquiatras, psicólogos y terapeutas instruidos en el complejo mundo de las psicopatologías.

Para mí resulta irrebatible que la Hipnoterapia posee la ventaja de poder adentrarnos en el subconsciente del paciente de una forma rápida. Y para ello utiliza las poderosas herramientas de la sugestión y la palabra. Así pues, la Hipnoterapia trata de introducir ideas de curación que después se desarrollarán inconscientemente y producirán un positivo reflejo condicionado (no controlado) en la mente del paciente.

La sugestión es un elemento que está presente, nos demos cuenta o no, en prácticamente todos los actos de nuestra vida cotidiana. Nos encontramos en un estado de constante bombardeo por parte de las sugestiones. En cierta medida, si se me permite la exageración, es como si viviéramos en un continuo estado de

Hipnosis: las sugestiones tienen un efecto primordial en nuestra vida. Si tenemos dudas sobre la anterior afirmación, pensemos un momento… ¿Cuántas veces hemos cambiado en nuestra manera de obrar o pensar tras un comentario de alguien?

Y aquí está la clave, porque la sugestión no existe por sí misma, sino a partir del momento en que lo dicho por otro se transforma en autosugestión en mí.

Para utilizar de manera adecuada las sugestiones es esencial el uso correcto de la palabra. Este planteamiento tan importante sobre el manejo verbal de la Hipnosis ya lo destacó el doctor William S. Kroger:

"El significado de las palabras (semántica) influye de una manera efectiva sobre el estado y actividad de estructuras corticales y subcorticales, provocando actividades emocionales que pueden ser benéficas o nocivas para el organismo. Esto, de la manera aducida por Pavlov, resulta especialmente adecuado para la interpretación de la base sobre la cual se producen las respuestas hipnóticas".

Por eso comparto la afirmación que dice que las palabras no solo significan una realidad, sino que la crean. Repite varias veces la palabra limón imaginando o evocando cuando has comido o chupado un limón y observarás como tus glándulas salivares empiezan a funcionar.

Las palabras manifiestan nuestros pensamientos. Y nuestros pensamientos se transforman en realidad. La persona que siempre dice encontrarse mal, acabará al final contrayendo una enfermedad. El hipocondríaco a veces termina generando la enfermedad que al principio solo existía en su mente.

Sin embargo, repite:

"Cada me siento mejor. Respiro profundamente acaparando energía, oxígeno y amor a la vida. Me siento joven y lleno de vitalidad".

Y verás cómo es una forma de activar el proceso de curación de cualquier dolencia.

La autosugestión positiva viéndose uno mismo/a curado o sanado, unido al desarrollo de la alegría y buen humor, son el mejor complemento a cualquier Psicoterapia o tratamiento médico para liberarse de enfermedades o de dolencias. Desde luego, en las palabras y pensamientos influye poderosamente la emotividad o carga afectiva que pongamos en ellos.

Si una persona necesita sugestiones de tranquilidad, realicemos esas sugestiones con calma y serenidad; si requiere sugestiones de autoafirmación y seguridad, hagámoslas con voz firme y decidida; incluso si la persona necesita cariño y autoestima, démosle en las sugestiones algo de cariño y comprensión.

Pero tanto, si eres profesional de la terapia o un simple amigo; cuando digas algo así, hazlo de corazón y con toda sinceridad, de lo contrario mejor es estarse callado…

Que os sugestionen y os sugestionéis en el camino apropiado y en la dirección correcta:

"Como dios quiere y manda".

::::: **6/VIII/2012** :::::

Personajes y personajillos

Es tal la cantidad de envidiosos y mediocres que habitan este país, que si volaran cubrirían el sol y viviríamos a oscuras.

Carlos Garmendia

Hace unos años me llegaron noticias desde una venerada institución representante de la alta magnificencia intelectual; desde una de esas instituciones que cuentan con rocosos basamentos científicos. Era el insigne Colegio Oficial de Psicólogos de Valencia.

Supe que don Antonio Capafons y uno de sus adláteres, un tal Luis si no recuerdo mal, habían enviado un correo electrónico a un centro que organizaba un evento a nivel nacional en el que yo iba a participar con una conferencia sobre la amplia tecnología hipnótica y sus usos. Estos ínclitos varones, al igual que modernos Torquemada, vomitaron en su escrito inequívocas y sorprendentes descalificaciones acerca de mi persona y de mis actividades en el manejo de la metodología hipnótica. Una vez superado un primer momento de estupor, me pregunté:

—¿Tan importante es mi conferencia y tanto miedo causo en las altas instancias clínicas que nada más y nada menos que hasta el reverenciado e insigne don Antonio Capafons y uno de sus monaguillos se están tomando la molestia de bajar de las altas esferas de lo etéreo para ocuparse de la labor divulgativa terrenal de este humilde hipnoterapeuta, *"lego además"* según su escrito? ¿Algo temerán, algo envidiarán? Les salio el tiro por la culata, porque no sólo impartí la conferencia, sino que la dirección de tal evento me publicó mi último libro: 'Hipnosis, Teoría y práctica'.

No es por quitar mérito a su labor, la verdad, pero yo no me preocupo en absoluto de ninguna de sus actividades. Es más (y perdón por la frase, amable lector/a), me importa un pepino y considero que al existir la libertad de expresión (Artículo 20 de la Constitución) no solamente puedo dar cualquier tipo de conferencia, curso, charla, coloquio o escribir libros sobre el tema (llevo publicados cuatro), sino que realmente tengo derecho constitucional a que nadie me lo impida.

Es decir, que al margen de la poca altura moral e intelectual que están demostrando con su denuncia, pienso sinceramente que además están violentando ese artículo constitucional de la libertad de expresión que me ampara.

¿Qué diablos le importa lo que yo haga o deje de hacer?

¿Qué siniestras intenciones ocultaban con su correo?

¿Influir en los organizadores de aquel evento para que, asustados por la autoridad de todo un Colegio Oficial de Psicólogos de Valencia, me negaran intervenir en aquella conferencia?

Estos dos personajes, estos dos personajillos se arrogan la potestad de decidir qué se puede y debe publicar y practicar acerca de la Hipnosis. Y, aún más, en el colmo de la prepotencia, pretenden tener en su mano la capacidad para decidir si yo estoy o no capacitado para estos menesteres.

Por supuesto, sin saber por experiencia propia lo que hago y cómo lo hago.

Los que se dicen científicos actuando con prejuicios propios de inquisidores medievales…

Algo han cambiado los tiempos y ya no me pueden mandar a la hoguera.

Sin embargo, se arrogan la potestad de velar por la salud del público interesado en esta técnica para decidir qué puedo dar y qué no puedo dar en mis conferencias.

¿Quién les ha dado potestad a estos señores para enviar correos en mi contra? ¿Quién les ha hecho creer que pueden controlar y censurar mi labor de práctica y divulgación de la Hipnosis allá donde yo quiera y tenga quien me escuche?

Lector/a de este blog, saca tus conclusiones. Igual eres de los que piensa que estos dos tienen razón.

Pero yo no me cansaré nunca de advertir sobre el hecho de que hacer comentarios, críticas y descalificaciones sobre mi persona y mi labor profesional con la Hipnosis cuando no conocen mi trabajo, ni mis métodos, ni mi enfoque, es propio de gente que actúa llena de prejuicios. Y nada hay más contrario al método científico que los prejuicios.

Entre otras críticas, me quieren crucificar porque dicen que soy un 'lego', es decir, que no soy psicólogo oficial. Como si un título colgado en una pared fuera la única garantía posible de que se posee conocimiento psicológico.

La conclusión a la que llego es que, en su estrechísimo planteamiento, solamente desde la Universidad de Valencia, a la que ellos pertenecen, se puede definir lo que es la Psicología y, al parecer también, la Hipnosis. Porque, claro, cualquier otra institución a la que ellos no pertenezcan, no puede capacitar para estas labores.

Por tanto, a los dos citados les importa poco cuál es mi trayectoria profesional o mi formación.

Es muy sencillo: si no tengo un titulo expedido por ellos, no soy psicólogo, y si no soy psicólogo, no sé realizar terapia ni, mucho menos, Hipnosis.

Y por más que lo busco, no sé dónde está escrito que no pueda yo hablar, escribir y dar cursos sobre Hipnosis y PNL.

¿Qué organismo oficial, qué institución humana o divina le ha dado al señor don Antonio Capafons autoridad y poder para decidir si yo puedo o no dar charlas sobre Hipnosis?

La autoridad se tiene fundamentalmente por prestigio y, a falta de éste, se escudan en el Colegio Oficial de Psicólogos de Valencia.

¿Qué autoridad puede tener el citado colegio en el campo de la Hipnosis y sus múltiples usos? ¿Qué autoridad y prestigio tiene ese colegio entre el público en general y los profesionales académicos en particular? Pues como cualquier otro, digo yo.

Que yo sepa, ninguna, es decir, como cualquier otro.

Y ya que estoy contando estas desagradables experiencias, sufrido lector/a, continuaré con otros ejemplos en el mismo sentido.

Hace tiempo me llamo don Mario Araña, psicólogo forense de Tenerife, contándome que él y otros colegas estaban muy implicados en prohibir por Decreto Ley la práctica de la Hipnosis regresiva. Me contó que el principal motivo era que la entienden como una práctica iatrogénica.

Iatrogenia, también llamado acto médico dañino, es el acto médico debido, del tipo dañino, que a pesar de haber sido realizado debidamente no ha conseguido la recuperación de la salud del paciente, debido al desarrollo lógico e inevitable de determinada patología terminal. Este acto médico tiene resultados negativos temporales, debido a factores propios de la patología enfrentada o a factores propios, peculiares y particulares del paciente (ya sea su hábito constitucional, su sistema inmunológico, su forma de reaccionar o disreaccionar, o cualquier factor desconocido pero evidentemente existente, o sea idiopático).

Afortunadamente y para bien de la libertad de expresión en general y de la ciencia en particular, no lograron sacar adelante este decreto prohibitivo.

Pero, pese a todo, hace tiempo, cuando impartía yo un curso de Hipnosis Terapéutica y Patrones de Cambio en PNL en Valencia (feudo de mitómanos clínicos y no clínicos, véase a la Sociedad de Hipnosis Profesional, por sus siglas SHP), la persona responsable del centro donde yo impartía tal curso recibió una llamada donde se la amenazaba con una multa de 3.000 euros si yo impartía tal curso y especialmente la regresión hipnótica a vidas pasadas… Le advertían de que estaba prohibida por Decreto Ley. Al menos, eso dijo la voz femenina que llamaba en nombre de la SHP. Aunque, eso sí, posteriormente el director o fundador de tal asociación, Ángel Mateo, me llamó por teléfono y me aseguró que ellos no habían cometido tal bajeza y no habían vertido tal mentira evidente. La voz femenina que hablaba en nombre de la SHP dijo además que ellos se ofrecían a seguir con el curso una vez que me hubieran despedido a mí. Tal cual lo cuento. Hace tiempo a otros conocidos míos, psicólogos oficiales, también les paso algo parecido en Valencia.

En fin, muchos ejemplos tan desagradables como estos. ¿Y por qué estoy perdiendo tiempo en ocuparme de las bajezas intelectuales de estos patéticos clínicos?

Pues publico todo esto en mi blog porque me acaba de volver a ocurrir. Mi entrañable amiga y 'manager' en Canarias, Juanate Gil, me ha comentado muy preocupada que también en esas islas hay otro mitómano, mentiroso y ruin que está intentando que yo no imparta conferencias públicas sobre Hipnosis, ni mucho menos pueda llevar a cabo un magnífico curso de Hipnosis y patrones de cambio en PNL.

El caso es que un amigo interesado en hacer mi curso, me comunica que alguien en nombre del 'Colegio de hipnologos' (¿?) ha llamado a otra amiga que comparte un curso con él en Telde, diciéndole que yo no estoy autorizado en impartir esos cursos de Hipnosis y PNL.

Otra vez atacan mi actividad profesional. Primero desde el Colegio Oficial de Psicólogos de Valencia, después supuestamente desde la Sociedad de Hipnosis Profesional (en su nombre hablaban por teléfono) y ahora otro personaje de un inexistente 'Colegio de Hipnólogos'.

Cuánta bajeza y cuánta mentira.

¿Por qué pretenden con estos miserables comportamientos que yo no pueda ejercer mi profesión libremente, tal y como me ampara la Ley, y tal y como he hecho durante 30 años?

Lector/a, puedes sacar tus conclusiones.

Con estos personajes estamos perdiendo una magnífica oportunidad de unirnos todos, clínicos y no clínicos, para compartir nuestros trabajos y experiencias, unirlas, sintetizarlas, crear una asociación de todos los que trabajamos profesionalmente con respeto y dignidad en la Hipnosis, para enriquecernos mutuamente y dar a los pacientes y clientes lo mejor de nuestra propia experiencia compartida.

Los clientes, pacientes y alumnos saldrían ganando.

Allá cada cual con lo que haga y cómo lo haga. La vida y el tiempo pone a cada uno en el lugar que le corresponde y nadie es más que nadie.

Lo escribo sin dudarlo: nadie sabe más que nadie en esto de la Hipnosis. Hay muchas escuelas, teorías, técnicas y métodos. Todas son respetables, todas enseñan y aportan algo.

No puede admitir que solo sea aceptable lo oficialmente científico y que el resto sean técnicas iatrogénicas.

Tenga tantos y tantos amigos, clientes y alumnos que siguen mi trabajo y me enriquecen, con su confianza y con su amistad… que no puedo dejar que estos señores me aparten de mi camino.

Así que, sintiendo dar un disgusto a algunos, próximamente impartiré un curso de Hipnosis y Patrones de Cambio en PNL en Las Palmas de Gran Canaria.

Y si el 'Colegio de hipnólogos' finalmente existe y se atreve, que intente impedirlo y venga personalmente a intentarlo. Que no tema quien sea el que llamara, simplemente le permitiré asistir como alumno y verá qué excelentes momentos viviremos todos, compartiendo y aprendiendo a hipnotizar y realizar cambios positivos.

Ay, señor, señor… ¿cuándo me llevarás contigo?

Y acabo acordándome de esa famosa frase:

—Ladran, luego cabalgamos.

::::: 10/IX/2012 :::::

Regresión hipnótica con ejercicio práctico

Es mi intención en los próximos meses escribir una serie de entradas en este blog para ir aportando los supuestos teóricos y, sobre todo, prácticos acerca de las llamadas regresiones hipnóticas a vidas pasadas.

El propósito es ofrecerte un acercamiento, paciente lector/a de estas líneas, a algunas de las teorías más constatadas sobre la regresión.

Y quede claro que recogeré principios teóricos experimentados por los grupos de investigadores y eruditos clínicos que se apartan de los prejuicios académicos y se adentran sin miedo en la apasionante experiencia de la regresión a vidas pasadas.

Teniendo en cuenta que más vale una hora de práctica que cien horas de teoría (como decía el maestro Sivananda), al final de este texto aportaré un enlace a un ejercicio práctico de regresión, que también se podrá descargar.

Por cierto, que el citado Swami Sivananda (1887-1963) es un personaje que siempre me ha llamado poderosamente la atención. Fue uno de los grandes maestros de yoga de la India. En su vida logró con éxito dos carreras: una como doctor en medicina y la otra como gran yogui y sabio. Su trabajo siempre se centró en servir a los demás:

"Cada trabajo que servía para sanar o aliviar el dolor de los que sufrían me llenaba de gran gozo".

Para él, el servir era *"la expresión del Amor"*. Tras sus comienzos como doctor en la India, se trasladó a Malasia, donde miles de indios trabajaban y vivían en condiciones muy difíciles. Como director de un hospital local, pasó gran parte de su tiempo ayudando a los pobres, aquellos que más le necesitaban. No sólo les daba atenciones médicas sin coste alguno, sino que les mandaba de vuelta a sus casas con suficiente dinero para reponer el jornal perdido.

Bueno, al margen de Sivananda, invito también a los citados en mi anterior entrada en este blog a que utilicen la regresión que adjunto más abajo. Porque para escuchar y sacar provecho de estos ejercicios regresivos no es menester creer, ni apuntarse a ninguna secta, ni dar por hecho que existan los extraterrestres. Únicamente vale con una mente abierta, sin prejuicios, para dejarse llevar, porque el inconsciente de cada uno de nosotros es como el viejo marinero. Un viejo marino que, a poco que le incitemos con un par de vasos de buen vino, nos contará gozosamente todas sus viejas historias. Es más, lo necesita. Solo tenemos que escuchar con el valor necesario, la dosis de humildad ajustada a la experiencia y estar desprovistos de orgullos fatuos y mitomanía adosada a titulaciones académicas.

Para realizar la regresión, queridos amigos, hay que desnudarse con una mente abierta y reflexiva, con capacidad de abrirse a lo nuevo, como un niño que descubre el mundo con esa típica capacidad de asombro de la infancia.

Permitidme un poco de clarividencia acerca de lo que vais a experimentar con la grabación que os adjunto al final (la experiencia habla ahora por mi boca): algunos recordaréis vidas intrauterinas, o vidas pasadas, incluso recuerdos nítidos ya olvidados de la infancia. O puede que simplemente logréis relajaros profundamente y hasta los habrá que, puede ser, se aburran e incluso se queden dormidos como lirones. Pero, eso sí, ninguno tendrá falsos recuerdos, ni se irá como un poseso a adorar al maligno, ni tendrá algún brote de esquizofrenia o paranoia… (a no ser que la trajera ya de casa).

Sí… Lo peor que puede ocurrir es que ¡no pase nada!

Antes de que escuches la grabación, pacientísimo lector/a, me gustaría explicarte algunas teorías contempladas desde una visión transpersonal del psiquismo humano. Es decir, la visión Bio-Psico-Socio-Espiritual de la que ya os he hablado en alguna ocasión y que también menciono en mi último libro: Hipnosis, Teoría y práctica.

Podemos contemplarlo como un intento de comprobar 'científicamente' hasta qué punto la técnica de regresión hipnótica nos permite recordar y traer al presente, desde lo más profundo de nuestra memoria, aquellos contenidos que, al ser desconocidos por la mente consciente, pudieran ser la causa de problemas enquistados y que condicionan nuestro ahora.

Si lo conseguimos y resulta que solucionamos el miedo o la fobia, o cualquier otro problema que nos atenace el vivir diario, resultará comprobado que la regresión es una práctica terapéutica. Si es terapéutica podríamos muy bien presentarla como una herramienta altamente eficaz y eficiente.

Por eso te invito a ti, que sigues este blog, a que realices la práctica de regresión hipnótica, para que la experimentes por ti mismo/a y puedas conocer sin intermediarios la bondad de la misma.

Esto es tan sencillo como lo que llaman aprendizaje experiencial. Ese conocimiento que se crea a través de la transformación provocada por la experiencia. Se construye el conocimiento por el propio individuo.

Dicen que una persona aprende aproximadamente el 20% de lo que ve, el 20% de lo que oye, el 40% de los que ve y oye simultáneamente. Mientras que el porcentaje llega al 80% de lo que vivencia o descubre por sí mismo/a. Tengo muy claro que da más resultado que alguien cambie ante experiencias vividas que cuando cuando se le dice que lo haga, o se convence mediante conceptos.

Y quiero aportar otra razón para animarte a realizar la práctica de regresión. Particularmente creo que, lo mismo que solo debería practicar la Psicoterapia el profesional cualificado para ello, igualmente solo debería explorar con el trance o estado hipnótico (sobre los demás) aquél que ha sido previamente hipnotizado por otro profesional. No considero muy correcto hipnotizar a otros sin haber experimentado uno mismo previamente el trance hipnótico. Porque sin la experiencia propia siempre faltará la vivencia íntima de los diferentes y profundos (o no) estados psicológicos que se pueden ir experimentando con la practica regular y diaria.

Existen muchos ejemplos (Patrick Drouot, Stanislav Grof, Roger Woolger, Ken Wilber, Roberto Assagioli, Abraham Maslow) de psicólogos, psicoanalistas y psiquiatras que, sin miedos ni prejuicios académicos, han probado a adentrarse personalmente en el terreno de la Hipnosis y otras técnicas para producir estados modificados de la conciencia (ENOC), dando además valiente testimonio de su experimento con sus clientes o con ellos mismos. Éste es el camino a seguir.

Ellos han trazado un mapa del sendero que previamente han recorrido. Han marcado las líneas a seguir para que otros no nos perdamos y, lo más importante, nos dicen que, en efecto, somos algo más que un cuerpo y un cerebro, ya que somos una psique multidimensional. Bien, estimado lector/a, amigo/a de este blog… te invito a compartir conmigo esta experiencia. Iré escribiendo acerca de la regresión hipnótica a vidas pasadas.

¿Que no crees en la reencarnación? Yo tampoco. Ni creo, ni dejo de creer. Yo no te estoy proponiendo creencias espirituales, ni cosas por el estilo. Te propongo participar de una experiencia en la intimidad de tu hogar o donde tú elijas. Déjate llevar, sigue la práctica que te induzco en la grabación y después me cuentas qué tal te ha ido.

¿Qué te parece el trato?

Aquí está el ejercicio grabado:

NOTA del EDITOR:

Puede acceder a ésta y otras inducciones grabadas de Horacio Ruiz en Ivoox.com, concretamente en esta dirección:

http://www.ivoox.com/podcast-podcast-Hipnosis-de-horacio-ruiz_sq_f161760_1.html.

Para abrir exclusivamente el audio citado en esta entrada:

http://www.ivoox.com/ejercicio-regresion-hipnotica-horacio-ruiz-audios-mp3_rf_1519274_1.html.

::::: **24/X/2012** :::::

Sobre la regresión hipnótica (I)

Como ya prometí en la anterior entrada de este blog, doy inicio a una serie de escritos sobre la regresión hipnótica, porque el trance hipnótico es una de las mejores herramientas que existen para acceder a recuerdos pasados. A esos recuerdos que el consciente no nos muestra claramente.

Podemos hablar en primer lugar de regresiones en el tiempo: experiencias con recuerdos de la adolescencia, la pubertad, la infancia...

Pero también existen las regresiones a la época intra uterina e, incluso, a supuestas vidas pasadas. Desde un enfoque psico-dinámico, la experiencia de regresión a experiencias intra uterinas o de vidas anteriores se da esencialmente desde dos premisas: que se busque deliberadamente la regresión y sus recuerdos, o que se dé espontáneamente.

Una vez realizadas estas aclaraciones teóricas, llega el momento de explicar cómo y para qué sirve la Hipnosis regresiva.

Durante una sesión en la que se esté usando la Hipnosis terapéutica, es decir, la Hipnosis como técnica facilitadora y optimizadora del proceso de terapia, puede ser de gran utilidad guiar a la persona hacia algún momento de su vida en el que se percibe que hay recuerdos poco claros, dolorosos o que, de alguna manera, estén condicionando su calidad de vida en el presente.

Esos recuerdos poco claros, esos contenidos inconscientes, pueden estar ayudando a mantener una patología actual. Y esto explica también por qué dichos recuerdos se encuentran apartados de la conciencia, puesto que la clave puede ser una amnesia protectora de la que ni la misma persona es consciente.

En este punto de la terapia, el profesional debe preocuparse de abordar con muchísimo cuidado el lenguaje que utiliza, tratando de no sugerir en la memoria del hipnotizado/a ningún recuerdo que pueda ser considerado falso y que corresponda más a lo que se le ha sugerido/sugestionado, conscientemente o no, por el que dirige la sesión hipnótica.

Siempre buscando el interés de la persona, siempre contando con su aprobación para buscar la solución al problema y una vez en estado de Hipnosis, se la lleva a rememorar el momento o las circunstancias en las que pudo suceder aquello que se quiere recordar. O, de la misma forma, se la expone al estímulo que le genera ansiedad.

En estos casos, el profesional suele optar casi siempre por disociar al paciente del recuerdo traumatizante, puesto que suele ser lo más efectivo para la terapia.

Los clínicos expertos en estas regresiones hipnóticas afirman que cualquier recuerdo que pueda surgir en las mismas se debe de considerar solamente como un producto de la mente. Un producto de la mente que, según ellos, se puede ajustar a la realidad o puede haber sufrido algún tipo de distorsión, ya que la investigación ha constatado que la memoria tiende a alterar o mezclar imágenes cuando ha transcurrido un cierto tiempo.

Dicho de otro modo, esto significa que los recuerdos pueden ser ciertos o puras fantasías, que pueden ser ajustados a lo sucedido en el pasado o poco precisos.

Lo cierto es que los hay que tienden a conceptuar los recuerdos obtenidos con la Hipnosis como muy fiables (aunque en realidad no se ajusten completamente a lo ocurrido en tal momento del pasado), mientras que también los hay que otorgan poca fiabilidad a lo que se recuerde en Hipnosis.

¿Importa para la terapia si el recuerdo se ajusta a lo que ocurrió?

Lo que suele afectarnos, para bien o para mal, no es realmente lo que sucedió, sino la memoria contenida de tal evento, con todas sus distorsiones. Así que habrá que trabajar (abreacción) en la dirección apropiada para liberar esos recuerdos que falsean la experiencia vivida.

Por lo tanto, desde el punto de vista psicológico, es cierto y evidente que lo recordado en estado de Hipnosis puede ser o no cierto históricamente hablando. Pero siempre será cierto psicológicamente hablando. El clínico avisado debería recordar lo que decía Carl Gustav Jung cuando afirmaba que:

"Tan real es un ladrón como un fantasma para el hombre que teme a ambos".

El trance hipnótico aporta una gran ventaja al sujeto hipnotizado a la hora de afrontar esos posibles recuerdos traumáticos, puesto que le facilita un clima de relajación y bienestar profundo, así como un entorno mental de gran receptividad y concentración para acceder a los contenidos del inconsciente, tanto a aquellos almacenados y que más o menos recuerda en estado de vigilia, como a los desconocidos por el consciente.

Respecto de la influencia de la Hipnosis para la afloración de recuerdos ocultos, no puedo dejar de señalar que, en algunos sujetos muy receptivos y sugestionables al trance, se activa la llamada hipermnesia (memoria oculta) de tal manera que se recuperan recuerdos, imágenes, emociones y hasta sensaciones de otros tiempos. Bien sean reales o ficticios, estos recuerdos de supuestas vidas pasadas emergen a veces con gran fuerza y con una extraña sensación de ser algo propio.

La Hipnosis también permite abordar estos recuerdos traumáticos mediante disociación (verlo desde fuera, como si fuera una pantalla cinematográfica), para hacerlos más soportables.

La Hipnosis regresiva, por tanto, no es una técnica que instaura los recuerdos, sino un método para facilitar que puedan ser recuperados para afrontarlos con mayor madurez o seguridad, ya que la persona tiene ahora unas capacidades para superarlos de las que carecía cuando le sucedieron aquellos hechos.

Tampoco quiero dejar de indicar, sobre la realidad o invención de esos recuerdos, que existe un hecho irrebatible: nada puede salir de la mente que no haya entrado antes. Puede salir mezclado y confundido, caótico y casi irreconocible. Sí, pero si sale es porque antes ha entrado.

A mi juicio, esto es irrebatible y tira por tierra muchos razonamientos teóricos referidos a algunos contenidos del inconsciente como falsos recuerdos. En otras palabras, si del inconsciente, de la memoria, surgen esas imágenes y recuerdos, es porque antes han entrado. Y, si salen, será por algo y con algún significado.

El verdadero terapeuta, el auténtico profesional de la Psicología, debe saber canalizar y actualizar esos contenidos para darles un significado dentro de la problemática del paciente y así poder utilizarlos terapéuticamente para que se conviertan en elementos curativos y sanadores. Evadir esa responsabilidad de acompañar al paciente en lo que éste vea, sienta o recuerde (con la excusa de pueden ser falsos recuerdos que deben ser psicoanalizados) es impropio de un verdadero psicólogo que esté realizando psicoterapia.

Si la persona lo ve y lo siente y, por lo tanto, de alguna manera le perturba o afecta emocionalmente, por pura lógica hay que darle una salida. Hay que encauzar eso que la persona ve y siente hacia la resolución de sus contenidos, hay que comprenderlo, incluso aunque sea sólo una metáfora y contenidos simplemente imaginados, puesto que algo intentan liberar, muestran una insatisfacción, alguna cosa explican. Y si bien no hay que tomarlos obligatoriamente como reales, sí es real su simbolismo y el mensaje que transmiten.

Por todo lo dicho, la terapia de regresión hipnótica a vidas pasadas es altamente enriquecedora, curativa y sanadora. Y hasta aquí mis reflexiones sobre la regresión hipnótica, que continuarán en nuevas entradas de este blog.

Aquí debajo os dejo otro modelo de regresión hipnótica a (posibles) vidas pasadas.

Animaos a seguir la grabación...

¿Qué perdéis?

Y después me contáis qué tal os ha

NOTA *del* EDITOR:

Puede acceder a ésta y otras inducciones grabadas de Horacio Ruiz en Ivoox.com, concretamente en esta dirección:

http://www.ivoox.com/podcast-podcast-Hipnosis-de-horacio-ruiz_sq_f161760_1. html.

Para abrir exclusivamente el audio citado en esta entrada:

http://www.ivoox.com/ejercicio-regresion-hipnotica-2-horacio-ruiz-audios-mp3_ rf_1546852_1.html.

::::: 4/**XI**/2012 :::::

Sobre la regresión hipnótica (II)

Continúo con mis reflexiones sobre la regresión hipnótica, puesto que no me cansaré de defender que el trance hipnótico es una de las mejores herramientas que existen para acceder a recuerdos pasados.

Y como expliqué en la anterior entrada de este blog, no importa si estos recuerdos ocurrieron exactamente como los recordamos o han sido fabricados total o parcialmente por la propia mente.

Repito que lo que perturba o afecta emocionalmente debe hallar, por pura lógica, una salida. Hay que encauzar eso que la persona ve y siente hacia la resolución de sus contenidos, hay que comprenderlo, incluso aunque sea sólo una metáfora y contenidos simplemente imaginados, puesto que algo intentan liberar, muestran una insatisfacción, alguna cosa explican. Y si bien no hay que tomarlos obligatoriamente como reales, sí es real su simbolismo y el mensaje que transmiten.

Así que, como había señalado, la terapia de regresión hipnótica a vidas pasadas es altamente enriquecedora, curativa y sanadora.

Como cualquier otra práctica o técnica psicológica, la regresión hipnótica debe ser realizada bajo dos condiciones esenciales:

• Que el profesional que la dirija haya experimentado él antes la técnica sobre sí mismo/a. Que la conozca experiencialmente.

• Que tenga conocimiento y experiencia en dirigir los contenidos recordados como cualquier otro proceso en Psicoterapia, esencialmente en técnica psicodinámica.

Bajo mi experiencia personal y con mis alumnos y clientes, en los 33 años que llevo explorando, investigando y 'conociendo' experiencialmente técnica, afirmo que es falso que sea una práctica iatrogénica.

Afirmo que es falso que uno termine paranoico, que o evoque posesiones demoníacas o abducciones extraterrestres, o que termine en una secta satánica como plantean desde alguna universidad valenciana.

La Hipnosis es útil para examinar y reestructurar los recuerdos existentes o fácilmente accesibles, y para poder enfrentarse a ellos con apoyo de un profesional. Es útil para poder manejar su intensidad y controlar las reacciones que puedan sentirse.

Pero, no lo olvidemos, la Hipnosis también es útil para profundizar en niveles o estratos psíquicos más profundos de los que la Psicología cognitiva-conductual maneja.

Los falsos recuerdos de abducciones extraterrestres, torturas satánicas, abusos sexuales, o pesadillas por el estilo se dan en Hipnosis cuando el cliente y el psicoterapeuta son o están desequilibrados. Y en este caso, por un simple principio de prudencia, ambos deberían abandonar estas prácticas, al igual que el paranoico no debería nunca ejercer de psiquiatra o clínico en cualquier rama de la Medicina.

Algunos creen que la Hipnosis funciona como la máquina de la verdad, o que todo lo que se recuerda bajo Hipnosis es cierto, o que la persona regresada bajo Hipnosis actúa tal cual lo hacía a esa edad. Afortunadamente, la mayoría de la gente y, sobre todo, los clínicos competentes, saben que eso es propio de películas y programas de televisión realizados para falsear la realidad y alimentar el morbo de la gente.

Realmente, la autodenominada 'ciencia' no tiene ni repajolera idea acerca de estos temas. La razón es sencilla de entender: los clínicos consideran a la regresión hipnótica como iatrogénica. Es decir, la consideran perjudicial. Si la consideran practica perjudicial y provocadora de falsos recuerdos, es de suponer que no la practican. Si no la practican, no la conocen. Si no la conocen experiencialmente, no saben con conocimiento de causa. Lógico todo este argumento, ¿no?

No la practican, no la conocen. Entonces, nada saben. ¿Por qué, no obstante, despotrican en contra de la práctica y dicen que la ciencia *"ha demostrado que es iatrogénica"*?

¿Qué ciencia? ¿Qué científicos? ¿Qué sistema se utilizó y por quién?

Ahora bien, hay que tener en cuenta que las creencias acerca de la regresión y vidas pasadas, junto a lo que se conocen como preguntas tendenciosas, sumado a la presión del terapeuta o el grupo de personas que mantiene las creencias mencionadas, determinan la aparición de falsos recuerdos con consecuencias muy desagradables para el paciente.

En el colmo del 'delirium tremens', algún psicólogo valenciano dice por ahí que quienes realizamos estas técnicas, además de desarrollar alguna paranoia, podemos incluso dedicarnos al espiritismo o entrar en sectas, especialmente si hemos realizado regresiones a vidas pasadas.

Y algún colega del anterior, añade que las regresiones a vidas pasadas sólo pueden generar problemas, porque no considera que exista ninguna evidencia científica que permita tomar en consideración este supuesto a la hora de una terapia psicológica, y menos que puedan ser eficaces como tratamiento.

¿Y ellos cómo lo saben? ¿Cuántas regresiones han realizado y con cuántos pacientes lo han hecho?

Por mi parte, al que quiera ponerse en manos de algún terapeuta para hacer regresiones, le aconsejo que, primero, se asegure de que es un profesional cualificado experto, tanto en haberlo vivenciado él primero (y no una, sino muchas veces), y que tenga amplia experiencia también en haber dirigido a otros. Salvo excepciones notables, ningún psicólogo clínico que se mantenga dentro de los paradigmas oficiales está capacitado para hacer Hipnosis regresiva a vidas pasadas. Muchos clínicos a los que se solicita una sesión de Hipnosis regresiva se niegan a realizarla argumentando que no están capacitados para ello. Si es éste el caso, lo más indicado es buscar a alguien, generalmente un hipnoterapeuta experto.

Si una persona cree o siente que la regresión puede ayudarle, el profesional clínico debería ser el primero en preocuparse de dotarse de esa capacitación para que el paciente no se vaya a buscar a cualquier impresentable por ahí, cualquier impresentable que le pueda perjudicar más que beneficiar.

De un modo general, podemos afirmar que las intervenciones terapéuticas en Hipnosis son de naturaleza fundamentalmente verbal y persiguen la reducción o eliminación de los síntomas, a través de la modificación de patrones emocionales, cognitivos, conductuales, interpersonales o de los sistemas en los cuales vive inmerso el individuo.

Dentro de la psicoterapia existe una gran diversidad de corrientes, enfoques y conceptos teóricos aplicados al ámbito psicoterapéutico, que dan origen a otras tantas maneras de establecer este contexto de comunicación, llegando incluso a configurarse distintos paradigmas.

Es por eso que la Psicología no podrá nunca encuadrarse como una verdadera ciencia. Hay tantas teorías y tantas formas de hacer terapia que pone en evidencia que no hay un protocolo bien configurado como cualquier otra rama de la ciencia.

No hay 300 formas de operar un tumor, hacer una extracción dentaria o intervenir a una persona con apendicitis.

Sin embargo, dos características que unifican a la Psicoterapia son:

- El contacto directo y personal entre el psicoterapeuta y quien le consulta, principalmente a través del diálogo.

• La calidad de 'relación terapéutica' del contexto de comunicación, esto es, una relación de ayuda destinada a generar un cambio en quien consulta (lo explica William Kroger en su 'Hipnosis clínica y experimental').

Seguiremos explorando, estudiando y escribiendo sobre uno de los aspectos de la Hipnosis más controvertido y más divulgado aunque, lamentablemente, menos comprendido.

Aquí debajo os dejo la grabación de otro modelo de regresión hipnótica.

Insisto en que debéis animaros, realizar el ejercicio y, por supuesto, contarme qué os ha parecido y qué habéis experimentado.

NOTA del EDITOR:

Puede acceder a ésta y otras inducciones grabadas de Horacio Ruiz en Ivoox.com, concretamente en esta dirección:

http://www.ivoox.com/podcast-podcast-Hipnosis-de-horacio-ruiz_sq_f161760_1. html.

Para abrir exclusivamente el audio citado en esta entrada:

http://www.ivoox.com/ejercicio-regresion-hipnotica-3-horacio-ruiz-audios-mp3_ rf_1572474_1.html.

::::: **14/XI/2012** :::::

Leonard Cohen y los mitos de la Hipnosis

Voy a hacer un paréntesis en la serie de entradas de este blog referidas a la regresión hipnótica. El otro día leí una entrevista al cantante canadiense Leonard Cohen. Y la cito porque me pareció el ejemplo perfecto de las máscaras con que suele aparecer la Hipnosis ante la opinión pública.

Me refiero a esas falsas creencias de que se puede hipnotizar en contra de la voluntad del sujeto y obligarle a realizar actos que no aceptaría en estado de consciencia habitual.

En esa entrevista a Cohen, hay un párrafo que dice exactamente:

Un capítulo clave explica el origen de la obsesión sexual de esta especie de donjuán irredento. En su primera adolescencia, Leonard desarrolla un notable interés por la Hipnosis. Compra un librito de bolsillo sobre hipnotismo y descubre que posee un talento natural para tales procedimientos. Tras un éxito inmediato con animales domésticos elige a la criada de la familia como objetivo. Siguiendo sus instrucciones, la joven se sienta en el sofá Chesterfield. Leonard le indicó entonces que se desnudara. «¡Qué gran momento debió de representar para el adolescente Leonard exclama Simmons en el libro aquella acertada fusión de sabiduría arcana y deseo sexual! Sin embargo, cuando vio que le costaba despertarla, Leonard sintió pánico. Le aterrorizaba que su madre llegara a casa y los pillara, aunque cabe imaginar que eso solo habría vuelto aún más exquisitamente leonardcoheniana aquella mezcla embriagadora de sensaciones al añadirle cierto sentimiento de inminente fatalidad, desesperación y pérdida».

¿Qué os parece?

El amigo Cohen busca cualquier disculpa para aprovecharse de su criada… la cual, seguramente, estaba tan deseosa como él de encontrar esa disculpa.

Y en ese juego de justificaciones, ambos llegan al absurdo de aparentar que ella no es capaz de salir del trance.

Sinceramente, no me creo nada de esta historia.

Creo que los dos deseaban llegar a ese punto en el que ella se desnudó, pero como podía ser una acción susceptible de ser censurada o castigada, la Hipnosis se convirtió en un juego perfecto para intentar esquivar la culpa que les iba a generar.

Es falso igualmente que antes hubiera podido hipnotizar a animales, porque no se puede hipnotizar a quien no tiene inteligencia racional, esa inteligencia que, dicen, es privativa del ser humano.

En fin, que este tipo de historias son las que permiten mantener los mitos y mentiras sobre la Hipnosis.

Mitos y mentiras que tanto daño hacen a los que usamos esta fantástica herramienta para realizar terapia.

::::: 19/XI/2012 :::::

Sobre la regresión hipnótica (III). Aclaraciones

Vengo incorporando en este blog grabaciones prácticas de regresiones hipnóticas. Hasta el momento, ya son tres las grabaciones que he adjuntado.

Tengo que hacer una aclaración sobre estos ejercicios grabados que os ofrezco. Se trata de modelos generales, adaptables a perfiles psicológicos distintos, a personas con diferentes idiosincrasias e inquietudes. Y deben ser modelos generales porque los ofrezco de forma pública en este blog y en ivoox.com. Como es lógico suponer, cuando realizo una regresión de forma individual a un paciente en la consulta, la cosa cambia totalmente. Estas grabaciones que vengo ofreciendo van dirigidas a un grupo heterogéneo de personas y, de acuerdo a esa necesaria diversidad de intereses y rasgos, modelo ejercicios de amplio espectro metafórico, con imágenes y símbolos que se adaptan a esa mencionada diversidad, de forma que todos puedan encajar, que los contenidos sean adaptados según las necesidades y capacidades de imaginar y visualizar de cada uno.

Además, insisto mucho en la fraseología del tipo:

"Concéntrate en el eje de tu búsqueda personal, vete donde tu inconsciente tenga que llevarte ahora... donde ahora tú necesites ir... ver lo que ahora sea apropiado para ti... más tarde ya sabrás qué hacer con todo eso".

Siempre destaco que debes dejarte llevar por tu propia sabiduría interior y en función de tus necesidades, puesto que nunca verás o sentirás aquello para lo que todavía no estés preparado.

Como los destinatarios de la grabación, yo mismo incluso, somos tan distintos, la fraseología que incluye es lo suficientemente abstracta como para no sugestionar nada concreto. El profesional siempre debe tener sumo cuidado en no provocar, directa o indirectamente, ningún tipo de experiencia en particular. En estas grabaciones, este cuidado debe ser todavía tenido más en cuenta si cabe.

La persona que siga estos modelados de regresión verá o recordará aquello que ahora necesite ver o recordar. Nada más. Si surge algo que considera fuerte o le perturba, no debe preocuparse, porque se tratará de su mente inconsciente, que quiere comunicar algo porque es necesario que salga a la luz de la consciencia. En este caso, siempre recurro a la comparación del viejo marinero. El inconsciente es un viejo marinero que, en cuanto se le invita a un par de vasos de buen vino, está dispuesto a contarnos todas sus antiguas andanzas por esos mundos.

Para que el lector/a de este blog pueda comparar y saber a qué atenerse cuando sigue la grabación, sería algo así como tener un sueño de esos que nos impacta tanto que nos despertamos en el mismo sueño, afectados por la trama del mismo. Por fuerte o incluso terrible que sea el sueño, no pasa nada, ¿no es cierto? Simplemente quedamos impresionados por la profundidad del sueño y por sus contenidos impactantes. Eso es todo. Que sepamos luego interpretarlo o no, depende del conocimiento simbólico y necesidades de autoconocimiento o desarrollo personal que tengamos. Saber pasar del contenido manifiesto al contenido onírico latente... pero bueno, eso es tema para otra entrada en este blog, o para una terapia personal en mi gabinete.

Teoría y práctica.

Práctica generalizada o de forma individual. Lo decía el gran Goethe:

"Toda teoría es gris y solo es verde el árbol de dorados frutos que es la vida".

::::: **6/XII/2012** :::::

Sobre la regresión hipnótica (IV). Reencarnación

En este texto que ahora comienzas, amable lector, quiero plantearte un acercamiento a la reencarnación como una alternativa natural y antropológica ante el fenómeno de la muerte.

Cientos de millones de personas en este mundo creen que se muere para volver a nacer. Cientos de millones de personas pueden equivocarse, es cierto, pero también pueden estar en lo cierto. Reconozco que lo más fácil es imaginarse paraísos tras la muerte, praderas eternas donde abunda la caza y el sexo en solaz, sin sombra alguna de pecado… es una idea sugerente, que gratifica con un maravilloso futuro en contraposición con los sinsabores que tiene esta vida.

Pero, a pesar de esos conceptos de paraíso post mortem, las creencias en la reencarnación mantienen su buen número de defensores. ¿Por qué el hombre se empeña en esta idea de la reencarnación? ¿Por qué siente la necesidad interna de purificarse y mejorar a través de sucesivas reencarnaciones?

Como decía el doctor Fernando Jiménez del Oso, en nuestra sociedad occidental de tradición católica, la Iglesia ha jugado un papel decisivo para afianzar un tipo de educación social que niega la posibilidad de la reencarnación.

Pero existe otra posibilidad, ya que, si dejamos de lado la citada educación judeocristiana (según cómo se entiende ésta en los estamentos oficiales), podemos hablar de la reencarnación como una alternativa natural, antropológica, frente al fenómeno de la muerte.

Cuando en Occidente hablamos de un despertar de lo oculto, no se está hablando de una moda, de un entretenimiento para la sociedad burguesa, sino de algo mucho más profundo. Es como un redescubrimiento, toda vez que la estructura eclesiástica (no confundir con el cristianismo), con su montaje de concilios y demás vulgaridades, ha terminado por dejar un vacío hasta ahora llenado artificialmente. La verdad del hombre está dentro del propio hombre, en sus impulsos y tendencias, en sus deseos y esperanzas.

Por eso, Jiménez del Oso acababa animándonos a todos a *"reconsiderar la reencarnación, a someterla a análisis en lo histórico y escuchar el eco interno que su hipótesis nos produce"*.

Y por eso, como hipnoterapeuta, considero fundamental la herramienta de la Hipnosis para esta reconsideración, para este nuevo acercamiento a la reencarnación.

Está claro que hablo de regresión mediante Hipnosis, de una regresión en el tiempo mediante trance hipnótico hasta posibles vidas pasadas.

Son muchas y variadas las formas de enfocar teóricamente esta regresión a vidas pasadas.

La perspectiva transpersonal ofrece las visiones más interesantes a la hora de investigar o contemplar la posibilidad de vidas anteriores. Y repito lo ya dicho en otras ocasiones, es decir, téngase en cuenta que lo que me parece realmente importante es la realidad psicológica de lo que aportan esas supuestas vidas pasadas al presente, puesto que me parece muy secundario (aunque despierta mi curiosidad) si el hecho físico histórico descubierto en la regresión es cierto y comprobable.

Porque deseo evitar la discusión sobre la realidad o no de la reencarnación, que me parece una pérdida de tiempo desde el punto de vista de la terapia y que me parece comparable al intento de demostrar la existencia o no de Dios, dicho de otro modo, algo que pertenece más a bien a la teología, a lo metafísico. Y, obviamente, éste no es más que un humilde blog sobre los usos terapéuticos de la Hipnosis.

Si hago uso de la regresión hipnótica como terapia es porque he comprobado que ayuda al crecimiento personal del paciente, a mejorar su calidad de vida, a aumentar su autoestima enfrentando sus problemas.

Y también hago uso de la regresión hipnótica porque, conforme a todo lo dicho, no me parece de recibo negar que la reencarnación puede ser (¡¿quién sabe?!) una alternativa natural y antropológica ante el fenómeno de la muerte.

Por último, adelanto que existen cuatro enfoques principales para acercarnos al estudio y exploración de la Hipnosis y las regresiones, pero os los explicaré en la siguiente entrada de este blog.

Hasta entonces, os dejo la cuarta grabación con una regresión hipnótica. Es una búsqueda del niño interior. Como siempre, os animo a probar y a que me contéis qué tal os ha ido.

NOTA del EDITOR:

Puede acceder a ésta y otras inducciones grabadas de Horacio Ruiz en Ivoox.com, concretamente en esta dirección:

http://www.ivoox.com/podcast-podcast-Hipnosis-de-horacio-ruiz_sq_f161760_1. html.

Para abrir exclusivamente el audio citado en esta entrada:

http://www.ivoox.com/ejercicio-regresion-hipnotica-4-horacio-ruiz-audios-mp3_ rf_1630989_1.html.

::::: **7/XII/2012** :::::

Sobre la regresión hipnótica (V)

Como os adelantaba al final de la anterior entrada en este blog, existen cuatro enfoques principales para acercarnos al estudio y la exploración de la Hipnosis y regresiones.

Enfoque psíquico

Escuelas Espiritas. Buscan cómo interpretar las vidas pasadas y las correspondientes situaciones de trance (médiums). En ellas se acepta la existencia de los espíritus. Las almas o espíritus de los fallecidos (según esta escuela) se manifiestan, se aparecen en las sesiones mediumnímicas y transmiten mensajes a través del intermediario.

Por consiguiente, creen y aceptan la supervivencia del alma o espíritu.

Enfoque parapsicológico.

En él se favorece esencialmente una investigación científica de lo que se experimenta por el sujeto como vida pasada. Uno de los pioneros y gran avanzado en este enfoque es Ian Stevenson.

Por otro lado, existen distintas explicaciones a la evidencia de la experiencia interna, de las personas que creen estar en presencia de contenidos mentales y emocionales de existencias anteriores. Por ejemplo: el conocido 'Déjà vu' (esto ya lo he vivido antes).

El Inconsciente Colectivo de Jung (registros akhásicos del esoterismo), con todo el patrimonio de la humanidad contenido en él, es decir, la evolución espiritual del género humano que renace en la estructura cerebral de cada uno de nosotros. Y, según lo explica Jung, los contenidos del Inconsciente Colectivo son los llamados arquetipos.

Eso explicaría el porqué gentes de distintas latitudes culturales y religiosas, incluidos, por supuesto, los ateos *"que no creen en nada"*, pueden tener sueños en los que aparecen imágenes y símbolos idénticos.

Pertenecientes todos esos contenidos oníricos, a un mismo fondo inconsciente universal. Es como si nosotros, cogiendo un pequeño ramal desde nuestro inconsciente individual, conectáramos con la gran fuente universal del Inconsciente Colectivo. Alguien lo ha definido como un gran almacén o depósito común donde se contienen en forma de arquetipo la historia de toda la humanidad.

Los partidarios de este inconsciente junguiano dicen, por ejemplo, que cuando uno cree estar viviendo una vida anterior no lo está haciendo realmente.

Simplemente sería que ha conectado con la vida de alguien que existió y cuya experiencia está ahí (en ese Inconsciente Colectivo) archivada.

En otras palabras, quien cree ser Juana de Arco o Napoleón, simplemente habría conectado con los arquetipos de dichos personajes y, por identificación, se asocia a los mismos.

Tal vez esos personajes representan nuestros ideales espirituales, nuestros ideales de ambición o las cualidades que en ellos envidiamos. Negando la reencarnación como tal, existen otras variadas teorías que tratan de dar una explicación a la experiencia que, aunque es evidente, sin embargo no es demostrable.

Dentro de este enfoque científico también existe otra teoría sobre la experiencia hipnótica regresiva, la conocida como Síndrome del Héroe: yo he sido en una vida anterior Marco Antonio o Cleopatra, o un presocrático… o personajes de este estilo.

Este Síndrome del Héroe es la teoría que más usan los detractores de la reencarnación para desprestigiarla e invalidarla. Personalmente creo que la mayoría de la gente que dice haber sido un personaje importante lo hace por complejo de inferioridad, como compensación de sus delirios de grandeza.

Pero, obviamente, en este caso estas fantasías también nos dan muchos datos psicológicos de la persona y nos pueden ayudar en la terapia. Nos dicen mucho de las virtudes o cualidades que desean poseer. Es más, si logran desarrollar alguna de las cualidades de sus personajes favoritos (siempre que sean positivas, siempre que sean cosas como el amor por la humanidad, la solidaridad, el anhelo de desarrollo espiritual o cualidades parecidas), tampoco es algo criticable. Volviendo al enfoque científico en general, existe también otro concepto a tener en cuenta: la Herencia Psíquica. Explicado de manera muy elemental, sería comparable a la herencia genética.

Porque, de igual manera que somos portadores de las características genéticas de nuestros padres, parece fuera de duda que también heredamos características psíquicas: temperamento, cualidades humanas, ambición, tendencias artísticas, sexuales, etcétera.

Incluso se dice en esta teoría que si, por ejemplo, un antepasado nuestro estuvo en París, en la Revolución francesa, nosotros podemos heredar parte de estas experiencias. Así pues, si recordamos cuando participamos en el asalto a la Bastilla, realmente sería algo que se nos ha transmitido a través de la Herencia Psíquica porque quizá nosotros ni hayamos salido jamás de nuestro pueblo.

Enfoque religioso

En este enfoque se asume y explicita la idea de la reencarnación como artículo de fe.

Hemos dicho que en el enfoque psíquico por lo general se recurre al medium (intermediario) y a sus facultades paranormales, mientras que en el parapsicológico se intenta dar una explicación racional y coherente al fenómeno con un método de trabajo científico.

Pues bien, en el enfoque religioso se apela a la tradición. Ya he comentado que es una de las creencias más antiguas y veneradas de la humanidad y no sólo en Oriente. Para millones de personas en todo el mundo conocido, la reencarnación forma parte de su mundo mágico-religioso, como un presupuesto fundamental de la visión que tienen del universo y de su lugar en el mismo.

Desde el hombre primitivo, a través de túmulos, estelas funerarias y dólmenes, en sus formas de enterramiento, se ha transmitido, llegando hasta nosotros, la creencia en una vida futura, en el más allá y, por supuesto, en alguna forma de supervivencia del alma. De ahí a la más refinada y elaborada teoría de la reencarnación que encontramos en el budismo, hinduismo y doctrinas religiosas parecidas.

Tal vez convenga recordar que todas las grandes religiones más evolucionadas en su configuración doctrinal, como el mismo Islam, han tenido y tienen su parte esotérica. ¿Qué es o significa el Sufismo sino la misma doctrina islámica en su vertiente esotérica?

En el budismo, se nos habla de la enseñanza del buda más externa para el vulgo, mientras que El Iluminado (Buda, el Despierto) enseñaba a sus discípulos más preparados la parte esotérica de su doctrina.

En el Judaísmo encontramos así mismo la Kabalah, es decir, la parte esotérica dedicada a los iniciados.

En el cristianismo, la Iglesia convertida en los primeros siglos en ortodoxia por dictamen del emperador Constantino, persiguió a muerte a los primitivos cristianos fieles a las enseñanzas Secretas del Salvador judío. Ellos eran fieles a las enseñanzas esotéricas (en la tradición griega) de Jesús de Nazaret.

Fueron los llamados Gnósticos-Cristianos. Si al lector le interesa profundizar en el tema, le recomiendo estudiar algunos magníficos documentales editados por la revista Año Cero bajo la dirección de su director Enrique de Vicente: *"El Hijo del Hombre"* (I y II). Resulta un ejercicio altamente saludable (para huir de dogmatismos) leerse la obra: *"Cristianismo Esotérico"* de Annie Besant.

Y por supuesto, recomiendo leer, meditar y reflexionar esa magnífica obra de Madame Blavatsky: *"La Doctrina Secreta"* o *"Isis sin Velo"*. Eso sí, hay que armarse de paciencia.

En fin, que el celo monoteísta de la Iglesia Católica le llevaba a perseguir a muerte a todo lo que sonara a paganismo, pese a que ella es el resultado del mismo. Como si el hijo reniega de su fuente madre y encima la persigue a muerte. Así se escribe la historia. La historia de la Iglesia de Roma, con sus cismas, inquisiciones, caza de brujas y demás barbaridades históricas, en lo que es un insulto a la inteligencia humana.

La mayoría de los historiadores está de acuerdo: la doctrina de la reencarnación era conocida y aceptada por muchas de las sectas cristianas primitivas (la palabra secta, entonces no tenía el carácter peyorativo de estos tiempos).

La mantenían los neoplatónicos y otros grupos órficos (gnósticos) y hasta los pitagóricos se vinculaban con la aceptación de la doctrina reencarnacionista.

Y en un estudio detallado de la Biblia vemos que el mismo Jesús hace alusiones a la idea de la reencarnación. Tema éste, por supuesto, aceptado o rechazado según los prejuicios e intereses de quien lo investigue. Uno de los grandes terapeutas que más a contribuido a valorizar la terapia de vidas pasadas, el doctor Ronald Wong Jue, nos dice:

"Creo que el Occidente ha degradado la reencarnación (como tantas otras nobles ideas). En Oriente las encarnaciones son para que Dios se conozca a sí mismo. La reencarnación es un medio de evolución espiritual. Pero en Occidente se hace más hincapié en el 'yo'. Es como si uno se concentrara en el modo como otro se viste y no en la persona que existe bajo la ropa. A la gente le interesa más el contenido de las imágenes que el proceso de evolución espiritual".

Enfoque terapéutico

El cuarto enfoque es precisamente el terapéutico. Motivo y fundamento de este blog y su contenido. Realmente al hipnoterapeuta no le interesa demostrar la realidad o no de la reencarnación. Aspecto este que pasa a un segundo lugar porque el primero, obviamente, es la facultad curativa, la fuerza sanadora y transformadora que la regresión hipnótica contiene en sí misma.

Para que la técnica funcione, para que el cliente obtenga satisfacción a su problema o logre su objetivo (respuestas a algunos enigmas de su vida, inquietudes, experiencias anómalas, etcétera (ver Etzel Cardeña) y el método resulte un ejercicio totalmente saludable, solo se requiere confiar en el poder del inconsciente.

Ni el cliente ni el terapeuta tienen que creer necesariamente en la reencarnación.

Es más, uno o los dos puede ser totalmente escéptico ante esa creencia y, sin embargo, el método puede funcionar. Es algo así como el que no cree en los sueños pero ¡sueña y tiene hasta pesadillas!

Es decir, la persona hipnotizada recuerda y evoca episodios lejanos en el tiempo, asiste asombrado ante sus propias visiones donde se ve siendo determinado personaje en otra época, país, lugar, etcétera.

Es como asistir dentro de su propio espacio psicológico y emocional a la proyección de una o varias películas cuyas imágenes, recuerdos, emociones, eventos y experiencias diversas se van proyectando ante la asombrada o emocionada mirada del que asiste a semejante espectáculo interno y, además, se ve o siente parte de la película, de la trama que discurre ante sus ojos.

Cada persona es un mundo y no es bueno generalizar a la ligera. Pero la mayoría de las experiencias hipnóticas de recordar vidas pasadas sería algo así como estar dentro y fuera a la vez del desarrollo de la película: una parte de la conciencia está fuera como observador y la otra dentro de la trama, como protagonista.

Dentro de la historia y según ésta va transcurriendo, se ve, se siente, se emociona, piensa, llora, ríe, ama, odia o sufre…

A veces, se verá como mendigo y otras como rico hacendado, unas veces como hombre y otras como mujer, anciano, de otro país o cultura, se verá viviendo en diferentes épocas y lugares.

Ahora bien, quizá te preguntes, sufrido lector/a, ¿para qué meterse en estos fregados psicológicos tan delicados?

Yo no sé por qué lo hacen Brian Weiss, Wolger, Wambach, Nepherton, Fioret o cualquier otro clínico, pero sí sé que yo lo hago únicamente cuando un cliente viene a mi gabinete y me lo pide expresamente.

Después de una charla introductoria y aclaratoria de lo que es y de lo que se puede esperar de la técnica, de cuándo funciona y cuándo no; después de una charla en la que también le explico con todo detalle que muchas veces no se recuerda nada y que otras aparecen recuerdos rápidamente; en fin, después de aclarar que no hay milagros ni varitas mágicas y que, por supuesto, esto no es como abrir el 'Libro Gordo de Petete', entonces y sólo entonces, con el consentimiento total del que va a ser sometido a la regresión, comienzo la inducción.

Llevo algo más de 33 años investigando en estos menesteres psicológicos y terapéuticos, y puedo asegurar que jamás he tenido ningún problema con cliente alguno.

Todo lo contrario, siempre se han obtenido excelentes resultados y la experiencia, siempre y sin excepciones, resulta relajante, enriquecedora y muy gratificante.

Eso lo afirmo en base a mi propia experiencia particular.

¿Qué es lo peor que puede pasar? Simplemente que la persona no vea o no recuerde nada. Que se quede dormida o no entre en un trance hipnótico lo suficientemente profundo para acceder a esos contenidos supuestamente pertenecientes a antiguas vidas pasadas.

Entonces, ¿habrá perdido su tiempo y dinero en la experiencia baldía? No, en modo alguno.

Se le habrá enseñado y explicado pedagógicamente la realidad del fenómeno regresivo en particular y se le habrá instruido profundamente en aspectos de la Psicología. En aspectos muy interesantes y muy enriquecedores para la cultura del paciente en general. Se le habrá enseñado un modelo muy detallado y específico para realizar la relajación hipnótica profunda, lo cual resulta un método excelente para calmar la mente y serenar el ánimo ante las demandas cada vez más estresantes de la sociedad, sus métodos y sus ambiciones.

Enseña a parar y mirar dentro para poner un poco de orden y control sobre nuestra neurótica y angustiada naturaleza humana, que no sabe muchas veces cómo afrontar los problemas, ni cómo encontrar las soluciones.

Porque, para sorpresa del individuo, toda persona tiene a nivel inconsciente todos los recursos que necesita para la modificación de la experiencia y el logro de los objetivos. Se enseña como algo práctico y eficaz y no como simple supuesto teórico. Así es que siempre habrá merecido la pena. Mucho se gana y nada se pierde.

En estos casos de no obtener experiencias de recuerdos rápidamente, lo aconsejable y apropiado, si es que de verdad se quiere obtener resultados, es desarrollar un método o abordaje serio, regular y metódico de cómo explorar diariamente con la técnica apropiada para el cliente y que le permita conseguir su propósito finalmente.

Esto quiere decir que, como cualquier otra tarea a realizar, es cuestión de práctica diaria. Antes o después, con la realización de las sesiones hipnóticas apropiadas, se obtienen recuerdos, se va accediendo a la regresión y entonces, todo un mundo de posibilidades y transformaciones trascendentales psicológicamente hablando se presenta ante el individuo.

Solamente necesitamos dos cosas ante este panorama: que el hipnoterapeuta sea un experimentado profesional que sepa con seriedad y honestidad acompañar en el proceso regresivo y que el paciente sea alguien serio, realmente paciente y comprometido con su propio proceso de realización personal.

Y sobre todo y por encima de todo, que el profesional sea alguien comprometido con su propio psicoanálisis, que sea él, el primero que da ejemplo con su propia experiencia.

Entonces y sólo entonces estará preparado para guiar a otro por la misma senda que él conoce por su propia experiencia.

Luego ya habrá tiempo de discutir y analizar sobre las experiencias y recuerdos (los llamados falsos recuerdos), el uso y utilidad práctica de lo recordado en el contexto terapéutico o las metáforas y simbolizaciones contenidas en esas experiencias.

Sea simple metáfora o realidad de algo antiguamente vivido, lo cierto y verificable es que muchas veces la regresión bien conducida aporta solución a problemas de diversa índole.

Allí donde el profesional clínico había fracasado, el buen terapeuta con la técnica hipnótica aporta curación o liberación de los problemas que hasta ese momento se mostraban sin aparente solución.

Esto es algo evidente y demostrable. Nadie que practique y conozca en persona (y no de oídas) la técnica regresiva puede negarlo, salvo que sea un hipócrita dispuesto a mentir.

Esto es lo que me consta. Esto lo avalo y certifico en base a más de 33 años de explorar, practicar en mí y en mis alumnos y clientes, los diversos modelos de abordaje en Hipnosis regresiva.

Finalizo reconociendo, porque es de justicia dar a cada uno lo suyo, que gran parte de los fundamentos teóricos que he expuesto en este escrito deben mucho a las investigaciones del eminente psicólogo Roger Woolger, el mejor desde mi punto de vista en este campo de las regresiones. Como siempre, te pido que las sigas y que me cuentes cómo te ha ido. Recuerda que yo también las estoy practicando…

::::: **11/XII/2012** :::::

Sobre la regresión hipnótica (VI). Vuestras experiencias

Alo largo de las entradas de este blog dedicadas a la regresión mediante Hipnosis os he facilitado cuatro grabaciones con ejercicios prácticos. Y en todas ellas os solicitaba que os atrevierais a seguirlas. Y que me contarais qué tal os había ido.

Pues bien, algunos de vosotros/as me habéis enviado vuestras experiencias que, como siempre me suele ocurrir, me han parecido fantásticos ejemplos de la enorme utilidad de la Hipnosis.

Guardando un prudente anonimato con todas estas personas que se han atrevido a seguir estos ejercicios prácticos (no citaré sus nombres), os copio a continuación dos ejemplos. Creo que merecen la pena.

EJEMPLO 1:

Hola Horacio:

Vi tu blog y decidí seguir la primera grabación, diciéndome 'a ver qué será esto'. Te cuento. Cuando empiezas a decir lo de las edades, uno de los mejores momentos es cuando estaba muy rodeada y muy querida y lo viví como una bendición, fue a los 23 años. A los 18 fue mi primer trabajo, donde crecí como persona y me sentía muy bien, era la peque de la empresa y era mimada por mis compañeras, muy buenos recuerdos. A los 17, cuando me cambie de instituto, fue muy bueno: conocí gente nueva, fue un cambio positivo en mí. De los 9 hasta los 16 añitos me sale mucho el colegio, tenía pocos amigos, problemas para estudiar, me costaba mucho, me sentía sola. También es verdad que de tanto tiempo en el mismo colegio y con los mismos compañeros estaba cansada, no me sentía ya cómoda. Por eso fue un buen cambio lo del instituto. A los 4 añitos recuerdo que estaba contenta con mi abuela y mis padres en Lanzarote de vacaciones. Cuando pasamos al vientre de mi madre, estaba bien, tranquila, no vi nada extraño en mi comportamiento.

Ahora viene lo de vidas pasada. Empecé por los pies, tenía puesta unas chanclas marrones, las manos finas de mujer, muy guapa, vestida con una falda marrón de piel de animal y una blusa del mismo color; y en la cabeza una cinta de colores como si estuviera hecha de plumas, estaba en un pueblo al lado de un rio y, cuando miré hacia atrás, eran cabañas. Empecé a preguntar cómo me llamaba, qué edad tenía, dónde estaba… Había un señor, una cama, y le pregunté quién era. Me dijo 'tu abuelo, el jefe de la tribu'. En esa vida pasada yo era curandera, le cuidaba a él y a la gente que lo necesitaba. Me llamaba Sheila. Le pregunté:

—¿Tengo pareja, estoy casada?

Y me contestó que no. Yo le dije:

—Pues hay un chico ahí fuera muy guapo.

Ja, ja, ja. Él cambio de conversación y me dijo:

—Tienes que ir al otro pueblo a llevar unas cosas.

Y le contesté:

—Vale.

Salí y me acerqué al chico y le dije:

—Tengo que ir al pueblo, ¿me alcanzas?

Y él me contestó:

—Claro.

Me subí a una barca de madera y le pregunte si tenía pareja, a lo que me contestó que no. Yo le pregunté que cómo un chico tan guapo no tenía a nadie, a lo que respondió:

—La que me gusta no puede ser

Después él me preguntó a mí:

—¿Cómo tú, tan guapa, no tienes?

Y dije:

—Pues es verdad, qué raro, por qué será.

Y me dijo que había tenido mucho para elegir, a lo que le contesté que no me acordaba. Él me explicó que mi abuelo era el que me elegía los chicos, a lo que respondí sin contarme:

—Pues a mí me gustas tú.

Me dijo que no podría ser, que mi abuelo no lo permitiría. Entonces le pregunté qué haría él si mi abuelo aceptara nuestra relación, a lo que él me contestó que diría que sí porque le gustaba desde hacía mucho tiempo. Cuando volví al pueblo fui a hablar con mi abuelo y le pregunté por qué era él quien me elegía a los hombre y no podía hacerlo yo. Y le dije:

—Me merezco ser feliz y elegir yo.

Me preguntó por el chico que me gustaba y le dije que el que él me había prohibido.

—¿El que trabaja para nosotros? —me preguntó.

Le respondí que sí y que ya era hora de romper con la ley.

Vengo a ser feliz y quiero que nos des la bendición y aceptes la relación.

En ese momento me dice:

—Un hombre ha venido a romper las reglas para ser feliz.

Al día siguiente me dijo mi abuelo:

—Tienes razón, Sheila, yo he sido quien te ha elegido a los chicos y ninguno te ha gustado, creo que es el momento de que tú elijas a la persona con la que quieres compartir tu felicidad, ya yo estoy enfermo y no sé cuánto me quedará de vida, yo voy aceptar esta relación junto con la tribu.

Y así fue, fuimos coronados y bendecidos por una ceremonia…

Y ahora me pongo a pensar en que siempre se me han acercado y he conocido muchos chicos que nunca me han llenado. La verdad es que son buenos chicos, pero nunca me han atraído. Y los que me han gustado, nada.

EJEMPLO 2

Buenas tardes, Horacio:

Son dos partes lo que tengo que contarte. En la primera parte de la regresión veo a una chica de 23 años que vive en una mansión enorme y lleva ropas finas. Sé que vive con sus tíos y que tiene una prima, pero sus padres no aparecen en ningún momento. Los sentimientos que experimento son de envidia hacia mi prima y trato muy mal al servicio. Soy mala persona e intento preparar un accidente para ella cuando monta a caballo. Además, estoy enamorada de su prometido, al cual no le gusto nada. ¡Pufff… vaya película! Al final la que tiene el accidente soy yo, montando a caballo, y me quedo paralítica.

Por otro lado, un día me vi como un chico que se llamaba Raúl, pero no ha vuelto a aparecer. Y en la segunda parte de la regresión, cuando estoy en el pasillo de las tres puertas, al entrar a la tercera me pongo a llorar desconsoladamente y se me para el llanto en cuanto salgo de la habitación. El primer día estuve muchísimo tiempo apoyada en los marcos de la puerta y me costó muchísimo entrar. Y no había visto nada hasta hoy, que he visto a mi padre, que me abrazaba y me decía que me quería. Esto me emociona tanto que casi me pongo a llorar y ahora, al escribirlo, vuelvo a estar muy emocionada.

Estos son sólo dos ejemplos de la experiencia psicológica y emocional que se puede vivir con la regresión hipnótica. Fascinante. Animaos a probar porque lo peor que puede pasar es que perdáis un rato. Aunque será un rato de relajación y no estará perdido del todo.

::::: 20/XII/2012 :::::

Cadenas

Uno tiene ya demasiados años sobre sus espaldas como para pretender vender una imagen falsa de la Hipnosis, una imagen sensacionalista de una técnica que vendría a ser la mágica respuesta a todos los problemas de la vida.

Tras décadas de experiencia me atrevo a plantear que la Hipnosis terapéutica es un sistema de comunicación extraordinariamente eficaz y orientado a influir en el individuo que demanda ayuda. Ni más, ni menos.

La Hipnosis, el trance hipnótico, es un ejemplo evidente de que las palabras pueden curar. El poder de la palabra, del verbo, radica en que puede influir poderosamente sobre zonas corticales y subcorticales del cerebro, de tal manera que permite la curación o liberación de miedos, fobias y otros trastornos psicosomáticos que empobrecen la calidad de vida del individuo.

Sí, sin ningún género de duda y siempre que haya un contexto apropiado, la palabra cura. La palabra, la sugestión que la palabra provoca, desencadena reacciones físicas que permiten al individuo salir del agujero oscuro de la negatividad y verlo todo con una nueva mirada, cambiando también su modo de interactuar con los demás.

Lo más interesante de todo es comprobar que la Hipnosis es, efectivamente, una técnica, un método esencialmente psicológico: una herramienta poderosa para promover y aumentar la autosuficiencia e independencia en cada persona.

El profesional de la terapia usará hábilmente las palabras, ideas y sugestiones pertinentes para conseguir resultados específicos en función de la meta demandada por el paciente. Comunicación para un cambio positivo.

Esta comunicación depende, por tanto, de la capacidad de influir en la persona. Nada, por otro lado, que no ocurra en otros procesos de comunicación que vivimos a diario como, por ejemplo, un programa de televisión que nos hace llorar porque nuestro equipo de fútbol ha perdido, mientras también podemos pasar indolentes por una calle junto a un perrillo medio muerto de hambre.

La peor de las comunicaciones es la del que está mal relacionado consigo mismo. Tiene la autoestima por los suelos, se desprecia y termina por desarrollar una actitud totalmente negativa y muy resistente a todo posible cambio interior.

Éste es el campo en el que se practica la terapia hipnótica

Y en este contexto siempre es pertinente explicar la verdadera capacidad y alcance de la Hipnosis. Siempre conviene aclarar lo que realmente podemos esperar de ella, ajustando a la realidad las expectativas, haciendo ver que no se pueden prometer curas o logros milagrosos.

—Sólo le puedo hipnotizar si usted se hipnotiza a sí mismo/a; sólo le puedo ayudar si usted se ayuda a sí mismo/a.

Es cierto que el cliente debe dejarse guiar por el clínico que le está enseñando cómo cambiar sus estructuras psicológicas causantes de sus miedos o traumas condicionantes… pero siempre tiene en última instancia total control y puede terminar la sesión hipnótica cuando escucha que el profesional dice o sugiere algo incoherente o fuera de lugar.

Con esa confianza y esa colaboración leal, la terapia hipnótica logra la emergencia de actitudes nuevas, de ganas y confianza de hacer una nueva vida, de romper con las cadenas.

Para acabar este escrito quiero centrarme, querido lector/a, en este concepto de romper las cadenas. Porque si es totalmente cierto que cuando uno rompe sus cadenas es libre… es igualmente cierto que la libertad no siempre es como uno la imaginaba. Y a veces eso asusta y todo el camino recorrido gracias a la Hipnosis puede venirse abajo, como ese preso recién salido a la calle que delinque para volver a la cárcel porque ése es el mundo que conoce.

El problema de las cadenas es que, aún siendo cadenas, pueden acabar creando hábito. Y puede que uno se libere pero sienta un vértigo insuperable y acabe buscando esas cadenas de nuevo.

—Es que yo soy así, es que todo me pasa a mí, es que soy un desgraciado/a, es que mi vida es una porquería y no va a cambiar nunca, es que algunos nacen con estrella y yo estrellado/a, es que esto es inevitable.

Por eso, porque he escuchado esto muchas veces, advierto, sólo puedo ayudar con la terapia hipnótica a quien se quiera ayudar primero a sí mismo, a sí misma. Y una vez desplegadas las alas, cada cual debe ser capaz de volar por su cuenta.

—Sólo le puedo ayudar si usted se ayuda a sí mismo/a.

Si usted quiere, le garantizo que no hay mejor técnica que la hipnótica. Pero tiene que querer usted.

Así de duro, así de simple.

Así de maravilloso.

Si quiere, yo le puedo ayudar. Pero depende de usted.

::::: 31/I/2013 :::::

Ejercicio práctico de Hipnosis Naturalista

Esta vez, en lugar de mis habituales disertaciones, os dejo en el blog una grabación con una inducción de Hipnosis realizada al estilo llamado naturalista. Es un ejemplo del modelo ericksoniano de trabajar con la Hipnosis.

Como siempre, os animo a probar y a que me contéis vuestras experiencias.

Animaos

NOTA del EDITOR:

Puede acceder a ésta y otras inducciones grabadas de Horacio Ruiz en Ivoox.com, concretamente en esta dirección:

http://www.ivoox.com/podcast-podcast-Hipnosis-de-horacio-ruiz_sq_f161760_1. html.

Para abrir exclusivamente el audio citado en esta entrada:

http://www.ivoox.com/inconsciente-sabio-Hipnosis-horacio-ruiz-audios-mp3_ rf_1759374_1.html.

::::: **3/II/2013** :::::

Vuelvo a Granada

Este fin de semana inicio otra edición más de mi Curso Profesional de Hipnosis y Patrones de Cambio en PNL. Va a ser un curso que me emociona profundamente porque lo imparto en Granada. Como en la canción de Miguel Ríos, vuelvo a Granada. Granada, mi tierra, de la que salí con apenas cinco años cuando mis padres emigraron hacia el norte.

Me vas a permitir, paciente lector/a, que me deje llevar y evoque aquellos tiempos lejanísimos de mi infancia. Es innegable que ha pasado mucho tiempo y que se desdibujan mis recuerdos de niñez.

La casa de mis abuelos paternos era grande, con un patio amplio y con un hermoso y mágico (para mi imaginación infantil) pozo que en verano daba agua fresca y cristalina y... ¡en invierno la daba caliente! Cosas de la naturaleza.

Atravesando la carretera y teniendo cuidado de no tropezar con los raíles del tren que la dividían, uno se encontraba de frente con su acequia, desbordada y violenta a veces, de donde yo salvé a mi querido Canelo, mi perrito compañero de juegos infantiles. Había allí unas hermosas chumberas con sus jugosos higos chumbos.

Mi abuelo era, creo, un presocrático, se anudaba un paño en la mano y cogía con un chuchillo esos higos. Sabiamente les quitaba los feroces pinchos que pretendían defender su fruto de la agresión de los depredadores como mi abuelo y otros por el estilo. Luego, limpio y sin impedimentos yo saboreaba aquel fruto, delicia de mi recuerdos infantiles.

Me vienen tantos recuerdos... la casa grande y espaciosa con su enorme entrada donde colgaban el cerdo abierto en canal después de la matanza.

Mi tío Pepe, que me cogía para que yo elevara los brazos y pudiera coger los racimos de uva de la parra que estaba altísima...

¡Qué enorme era todo! A esa edad, las cosas y las personas eran tan grandes que para verlo había que mirar siempre hacia arriba.

La casa estaba situada en la falda de una montaña donde comenzaba la sierra. Recuerdo una pequeña explanada y una higuera de la cual cogía buenísimo higos.

No sé si era ésa u otra la que daba también brevas...

Y al fondo una pequeña gruta, en la que una vez entró un animal salvaje. Fue una noche en la que se armó un gran revuelo que me asustó un poco, porque se levantó mi abuelo pegando gritos, intentando sacudir a un bulto sospechoso que intentaba huir despavorido, escalando desesperadamente la falda de la montaña. Era un gato montés que, en un acto suicida, había intentando robarnos con nocturnidad y alevosía una gallina que dormitaba en lo profundo de la pequeña cueva excavada en el corral familiar. Pobre animal, creo que se murió del susto y que nunca más tuvo otra oportunidad de robar una gallinacea en el corral de mi abuelo… ¡menudo era el presocrático!

Recuerdo también a mis tíos Pepe y Conrado, por las mañanas desayunando un huevo 'en vivo y en directo'. Yo era muy menudo y me deslizaba al fondo de la cuevita para coger los huevos que habían puesto las gallinas y ellos, sin más artificio que hacerle un agujero a cada huevo en sus extremos, se tragaban su contenido. ¡Pura ecología! ¡Huevos ecológicos, sí señor!

Grande, todo era muy grande para un renacuajo de cinco añitos.

Después, desde la atalaya de mis canas, casi un anciano y más mayor de lo que entonces eran mis abuelos, he tenido una fugaz cita con los recuerdos de mi niñez. He tenido la necesidad de regresar a ese lugar, a ese pueblo andaluz llamado Pinospuente, cunita de mi infancia agigantada. Busqué en la memoria inútilmente. Habían tirado hace muchos años la casa, el pozo había desaparecido. Y las chumberas y sus jugosos higos seguían existiendo ya sólo en mi memoria.

¡Canallas especuladores! Querían haber construido un edifico, un hotel o no sé qué diablos me dijo un vecino al que, al preguntarle por mis abuelos Horacio y Piedad, en seguida me dio cuenta de que habían vivido *"allí, al final del pueblo, en la falda de la montaña"*.

Me fui para allí. Busqué y busqué queriendo encontrar aquello que sólo existía en mi memoria infantil, distorsionada y desdibujada. Esa memoria que me hace absolutamente presente a mi perrillo, a mi Canelo, como si ahora mismo lo acabara de sacar de las embarradas y turbulentas aguas de la acequia, evitando como entonces su muerte segura… Eso lo tengo tan vivo y real como entonces. Los dos éramos unos cachorrillos inocentes que apenas sabían nada de esta vida más allá de nuestra inquebrantable amistad.

¿A qué podía agarrarme para reencontrarme con lo que yo había vivido? De repente me acordé de la higuera. Sí, la montaña seguía allí. Los especuladores no habían podido moverla ni un centímetro. Subí y, sí, mi infancia estaba allí. La higuera, la cueva pequeña también… ¿el gato montés? A ése mejor ni nombrarlo. Desde allí eché un vistazo y vi con amplia perspectiva la realidad y la distorsión de la memoria.

Allí estaba el yo adulto intentando colocar las piezas del puzzle que mi memoria infantil se había ido tejiendo por con hilos de tiempo, tamaño y espacio.

Reubiqué de nuevo la casa, los lugares, el espacio ocupado por cada elemento y ¡zas! ya tenía a cada cosa, persona y emoción en el lugar que le correspondía. Incluso llegué a descubrir un trozo del pozo roto y empequeñecido.

Descendí de la falda de la sierra. Dije adiós y para siempre a la higuera de mi memoria infantil. Ella me había sido fiel, me había estado esperando todo este tiempo.

Gracias a ese prodigio de la naturaleza yo pude recomponer mis recuerdos, colocar mis emociones en el contexto apropiado para, con tristeza y dolor apaciguado por la comprensión adulta, decir adiós a ese rinconcito.

Al bajar y volver a la carretera, mi dolor se recrudeció porque recordé que dos de mis tíos habían dejado jirones de su cuerpo y de su alma atropellados en ese asfalto.

Me estoy dando cuenta, con tanto recuerdo, de que es como si hubiera hecho una regresión, algo parecido a lo que tantas veces induzco con Hipnosis a mis pacientes. Una regresión a la infancia, a aquellos días eternos.

Por todo esto es tan importante que mi próximo curso, el que inicio este fin de semana, sea en Granada. Y por eso me he permitido la licencia de contaros una parte de mi vida. Espero no haberme hecho muy pesado.

Así que, después de la reciente conferencia que ofrecí allí la semana pasada, ya sólo me queda esperar que llegue este sábado.

Granada, tierra soñada por mí, vuelvo a ti.

Vuelvo a Granada.

::::: **13/II/2013** :::::

Un ejercicio práctico de visualización

Son muchísimos los psicólogos, psiquiatras e investigadores que han trabajado sobre la visualización y su capacidad terapéutica.

- En la década de 1920, Edmund Jacobson llevó a cabo un experimento demostrando que cuando uno se visualiza corriendo, los músculos de la pierna se mueven involuntariamente. Esta fue una clave importante que mostró el vínculo entre mente consciente y el sistema nervioso autónomo (automático).

- En esa misma década, Schultz y Luthe presentaron un informe con 2.400 historias de casos que demostraban que la visualización y la relajación eran efectivas para ayudar a los pacientes a recuperarse de intervenciones quirúrgicas o en el tratamiento de casos de asma, dolores de cabeza, artritis, dolor de espalda o diabetes. Además de los temas autógenos básicos de pesadez y calor en las extremidades, los pacientes avanzados de Schultz emplearon imágenes tales como: pararse en la cumbre de una montaña, verse en la luna, volar por encima de las nubes u observar un amanecer.

• Franz Alexander es considerado el padre de la medicina psicosomática. En 1939 este médico de Chicago escribió:

"Muchas alteraciones crónicas no son causadas por factores externos, mecánicos, químicos o por microorganismos, sino por el estrés funcional crónico continuo que surge durante la vida cotidiana del organismo en su lucha por la existencia".

Precisamente éstas son la clase de alteraciones que pueden corregirse mejor con el abordaje de la visualización y el trance hipnótico, facilitador y optimizador de los recursos y capacidades de imaginería de la mente.

• El eminente psiquiatra italiano Roberto Assaglioli fue alumno de Freud, Jung y Maslow. Assaglioli creó una Psicología llamada Psicosíntesis. Este sistema ve a los seres humanos como tendentes naturalmente hacia la armonía entre su 'yo' interno y el mundo externo. Assaglioli utilizó técnicas de visualización para diagnosticar problemas emocionales y entrenar la voluntad para lograr el desarrollo personal.

• Hacia 1950 el poder de la fantasía mental estaba siendo explorado y utilizado en muchas disciplinas. Dick-Read empleó la visualización como parte de sus técnicas para parto natural.

• Una por una, las antiguas prácticas de visualización han sido validadas en el laboratorio. El psicólogo Erik Peper demostró que el 50 por ciento de un grupo de personas no entrenadas salivaría a través de la visualización detallada de un limón.

Y no sigo, porque creo que nadie pone ya en duda las capacidades que nos brinda la visualización. Precisamente por eso os dejo aquí debajo un ejercicio muy relacionado con este tema. Yo mismo llevo varios días explorando con este ejercicio, que me resulta muy interesante. Como siempre, os animo a que lo escuchéis y a que me contéis cómo os ha ido.

Procurad ser felices.

NOTA del EDITOR:
Puede acceder a ésta y otras inducciones grabadas de Horacio Ruiz en Ivoox.com, concretamente en esta dirección:

http://www.ivoox.com/podcast-podcast-Hipnosis-de-horacio-ruiz_sq_f161760_1. html.

Para abrir exclusivamente el audio citado en esta entrada:

http://www.ivoox.com/ese-lugar-confortable-Hipnosis-horacio-ruiz-audios-mp3_ rf_1815746_1.html.

::::: **24/II/2013** :::::

El mejor camino

Unas veces por defecto y otras por exceso, casi nunca se habla de la realidad del fenómeno hipnótico. Hay quien la presenta como algo poco menos que milagroso que lo cura todo (desde los pies planos hasta la calvicie) y quien, por el contrario, la presenta como una superchería propia de esas exhibiciones circenses de la televisión o el teatro.

La Hipnosis ha tenido épocas de gran auge y aceptación por parte de la ciencia y otras que se la ha relegado casi hasta el olvido.

Sin embargo, cuando los clínicos la han utilizado nunca ha defraudado. La Hipnosis se ha mostrado altamente eficaz para solucionar conflictos y problemas psicosomáticos resistentes a ser resueltos por las técnicas terapéuticas más clásicas de la psicoterapia (Psiquiatría y Psicología oficial).

Estudios de meta análisis realizados presentan la Hipnosis como una técnica de intervención que aumenta o potencia otros tratamientos. La evidencia práctica demuestra que, tal y como ya indicó Edmonson en 1986:

"La Hipnosis, como procedimiento terapéutico, puede ser considerada como una de las técnicas más antiguas que se conocen para provocar cambios en los procesos cognitivos, psicofísiologicos, perceptúales y conductuales".

Si el mundo de la Psicología oficial, es decir, los que se auto titulan científicos o clínicos, han experimentado con su propia metodología que los estados hipnóticos hacen que cualquier terapia resulte más eficaz (amplía los sistemas cognitivo-conductual, psicodinámico…), precisando menos sesiones para lograr objetivos similares.

Repito: si ellos mismos lo han constatado experimentalmente, ¿cómo es posible que todos, absolutamente todos los clínicos en el campo de la Psicología o Psicoterapia, no estén utilizando prioritariamente la Hipnosis en sus acciones prácticas con sus clientes?

Mientras que el amable lector/a se hace esta pregunta o se la responde, yo le invito a explorar y saber experiencialmente (vivenciarlo personalmente) qué es la Hipnosis. Y saberla utilizar en dos áreas principalmente:

- área personal: como autohipnosis, como autoayuda y evolución personal
- campo de la Psicoterapia.

Y es aquí, en esta segunda área, donde se encuentra mi labor, fundamentada en más de 30 años de experiencia, para que los pacientes encuentren el mejor camino para abordar y solucionar sus problemas.

Siempre, claro está, con el sistema más eficaz y eficiente, que no es otro que la Hipnosis y su 'llave de oro', la PNL (Programación Neuro-Lingüística).

Aquí os dejo un vídeo de un viejo programa del doctor Jiménez del Oso sobre la Hipnosis, en el que tuve el honor de colaborar. Aprovecho estas líneas para rendir un pequeño homenaje a mi amigo Fernando, un ejemplo en casi todo lo que hizo durante su vida.

NOTA del EDITOR:
Puede acceder al mismo a través de Youtube en esta dirección:
http://youtu.be/icCW67UloL4.

::::: 13/III/2013 :::::

Michael Jordan contra la enuresis

Quiero contar hoy en este blog, paciente lector/a, uno de los casos que con más cariño recuerdo de todos cuantos han pasado por mi consulta. El protagonista fue un niño de 9 años.

Era un chaval alto y vigoroso, algo inquieto y muy rebelde. Vino a la consulta acompañado por su madre, casi forzado.

Al principio me miraba con una mirada aviesa y esquiva. Creo que si le hubiese dejado me hubiera saltado con rabia a la yugular. Bueno… tal vez exagero un poco pero por un momento pensé que sería mejor que no se acordara de su paso por mi gabinete cuando cumpliera los veinte años.

Por cierto, que hace muchos años que no sé de aquel jovenzuelo, que ahora será todo un hombre. ¿Qué habrá sido de él? Ojala y de todo corazón deseo que sea una persona feliz.

En fin, que cuando tenía nueve años llegó a mi consulta con su madre por un asunto que le tenía tremendamente avergonzado. En sus esquemas mentales, esa visita a la consulta era una humillación pública a la que le sometía su madre gratuitamente.

El caso es que este chaval se hacía pis en la cama. Lo que técnicamente se conoce como enuresis. Yo entonces no lo sabía, pero la figura del mejor jugador de la historia del baloncesto me iba a ayudar a acabar con este problema.

Este niño no podía ir a dormir a casa de sus amigos porque alguna vez que lo había hecho ya había pasado el mal rato de levantarse con la cama totalmente mojada. Y, para mayor vergüenza, la historia de su incontinencia la conocía todo el colegio.

No hace falta que incida en el trauma y los complejos que aquel chaval sobrellevaba a cuestas.

Con ese historial llegaba a la consulta forzado por su madre, obligado a que también conociera su vergonzoso problema un psicólogo extraño, porque así me consideraba él.

–¡Para que también se ría de mí! –decía protestando, evidentemente furioso y con ganas de sacudirme o salir corriendo.

–¿Por qué no lo has llevado donde un Psicólogo con titulación y especialista en este problema? –le pregunté a la madre–.

Le indiqué a la madre que era preferible que le tratara un clínico especialista en problemas infantiles y, sobre todo, como es obvio, en enuresis. Le aclaré que yo no era ni psicólogo, ni especialista en este problema cuya base podría ser algún problema o trauma de tipo emocional, o cualquier otro trastorno… quizá una especie de regresión a la etapa infantil, ya que había otro retoño en la familia casi recién nacido y eran evidentes los típicos celos ante la llegada al hogar de un nuevo hermanito.

–Sí lo he llevado –me dijo la madre–, pero no ha dado resultado, era demasiado conductista y… prefiero que seas tú con la Hipnosis.

También le advertí de que era muy joven para hacerle una inducción hipnótica, a lo que se sumaba que él no quería ser hipnotizado, puesto que ni siquiera quería que le ayudara *"como psicólogo"*.

–Siente vergüenza de hacerse pis en la cama y, sobre todo, de que tú lo hayas traído aquí para que un extraño adulto lo sepa, igual que los demás chicos en el colegio –añadí.

–No sé qué hacer –me contestó ella–, está muy rebelde, no quiere ir al colegio y nos lleva la contraria en todo.

Llegados a este punto decidí probar con una posible solución. Pedí a la madre que saliera de la consulta y me dejara a solas con su hijo. Cuando nos quedamos a solas le hable con toda franqueza:

–Mira, no tengo ningún interés en hacer que tú hagas nada que no quieras hacer. Por mí puedes seguir rebelándote contra todos y contra todo porque, al fin y al cabo, es tu problema. Es a ti a quien le amargan la vida y, mientras sigas siendo un niño, estás bajo la autoridad de tus mayores. Pero vamos, que debes tener muy claro que lo tienes difícil y que tu rebeldía es inútil porque tienes todas las de perder.

–Ya no soy un niño, ¡soy mayor…! –replicó con rabia–, y no me pueden tratar como si tuviera cinco años.

–Bueno, no creo que seas tan mayor porque me han dicho que no te haces la cama todavía, ni te preparas el desayuno, ni te preparas tú sólo la comida, ni ganas dinero, ni sacas adelante tus tareas escolares…

A medida que le enumeraba lo que supuestamente debería hacer el adulto que él pretendía ser, su rostro se fue transformando, poniéndose triste, enojado. Mirando a ratos hacia la pared y a ratos desafiándome con la mirada.

Antes de que pudiera reaccionar le confesé algo, bajando la voz con un tono de cierta complicidad:

–Yo entiendo lo que te pasa mejor que nadie, mejor de lo que tú te imaginas. Sí, de verdad. A mí, de jovencito como tú, me pasaba lo mismo.

Cuando le dije esto, se quedó sorprendido. Me miró fijamente y agachó la cabeza.

–Mírame fijamente –le dije–.¿Me prometes no contar a nadie lo que te voy a confesar, ni tan siquiera a tu madre, me lo prometes?

–Sí, se lo prometo –contestó con cierto tono de complicidad.

–Sé que lo pasas muy mal y que da mucha rabia –le empecé a explicar, cambiando intencionadamente la palabra vergüenza por la de rabia–. A mí me pasaba igual. Además me pasaba algo que me da dolor y rabia recordar. Lo pasaba fatal…

El chaval me miraba expectante mientras yo guardaba unos segundos de silencio.

–Cuando yo tenía más o menos tu edad vivía con mis abuelos. Mi abuela, que era muy dura, a la antigua usanza, cuando yo me hacía pis en la cama me cogía por el pescuezo y me restregaba la cara sobe las sabanas mojadas por el pis, diciéndome que era un niño guarro y no sé cuántas cosas más. Me quedaba aterrorizado, asustado y con una rabia tremenda, pero todo el día escondido para no encontrarme con mi abuela.

Me escuchaba con los ojos abiertos de par en par y sin decir ni palabra. Quizá pensó que *el psicólogo* estaba realmente peor que él.

Continué:

–Sí, te comprendo totalmente. Por eso sé que lo estas pasando mal. Por cierto ¿qué deporte te gusta?

Algo sorprendido por la pregunta, tardó en contestar. Pero logré cambiarle el foco de su atención y avancé en la terapia.

–¿Fútbol? –le pregunté.

–No, me gusta el baloncesto.

–¿Algún jugador en especial?

–Michael Jordan.

Me contó que tenía varios poster en su habitación y que lo que más le gustaría en la vida es llegar algún día a jugar como él. Le animé a que me contara más cosas, para que olvidara durante ese tiempo su enuresis. La verdad es que me dio una lección magistral de este norteamericano, leyenda vida del baloncesto.

–Trata de evocar algún partido que hayas visto de Michael Jordan –le pedí–. Hazlo como si lo estuvieras viendo ahora mismo. Entra en esas imágenes, en esas sensaciones, los sonidos. Siente ahora que estás dentro de la cancha. Ahora tú eres igual que él, te mueves igual que él, saltas, corres por la cancha y encestas igual que él.

A medida que yo le invitaba a que se metiera en el papel del gran jugador de baloncesto, se fue transformado: su cara, gestos, movimientos, incluso cuando le sugería que encestara hacia un gesto con todo el cuerpo como si estuviera compitiendo en esos momentos.

Había resultado. Le había convertido en un adulto y, además, campeón de un deporte que le apasionaba. Ya era Michael Jordan, ni más ni menos.

Lo demás fue fácil. Si era un gran campeón, ¿qué campeón se hace pis en la cama como un niño?

Le realicé una sugestión hipnótica para que durante la noche, cuando estuviera dormido y tuviera ganas de hacer pis, su inconsciente, en forma de Michael Jordan, se le apareciera y le despertara. Para que este jugador le acompañara por el pasillo hasta el cuarto de baño, donde estaría con él mientras hacía pis, conversando tranquilamente. Después, le llevaría de vuelta a la cama, tapándole y dándole una palmada de felicitación porque ya era un adulto. Jordan le felicitaría por sus progresos como adulto y como jugador de baloncesto en el equipo al que pertenecía.

Y así acabó este jugador de baloncesto con la enuresis de un muchachillo de nueve años.

Meses después vi a la madre, que estaba muy contenta. Me trajo al gabinete una caja de Rioja y un queso de la Mancha.

Por cierto, pensé en llamar a Michael Jordan para compartirlo pero deseché la idea. Los deportistas de élite deben cuidarse mucho y no hubiera podido apreciar en lo que vale un vasito de buen vino y un trozo de buen queso.

::::: **26/III/2013** :::::

Mi compromiso

Creo sinceramente en la Hipnosis como herramienta terapéutica. Y cuando uno cree de verdad en lo que hace, tiende a preguntarse si sus motivaciones son honestas.

Por eso, paciente lector/a, quiero trasladar en estas líneas cuál es mi compromiso y mi profesión.

Y lo digo sin dudarlo: soy hipnoterapeuta y mi compromiso es el desarrollo interior y la ayuda a los demás mediante el proceso terapéutico.

Por un lado creo que hay que explorar y practicar modelos y técnicas para el desarrollo personal, para la autoayuda, el autoconocimiento.

Siempre con la intención de vivir yo experiencialmente antes aquello que pretendo enseñar a los demás después.

Por otro lado, me esfuerzo en extender la formación teórico-practica en modelos y técnicas para el desarrollo profesional del clínico.

Hago siempre mía esa máxima que dice que nadie puede acompañar a alguien por algún camino que no haya transitado él primero.

Éstas son mis premisas. En función de ellas divulgo, enseño y practico la metodología hipnótica y Programación Neuro Lingüística.

Nada digo o modelo en otros si antes no lo he explorado yo (experiencialmente).

Lo dijo R. Assagioli:

"Creo que las mayorías de las discusiones sobre la identidad se han extraviado porque los psicólogos académicos no se toman la molestia de experimentar de modo adecuado. Hacen pasar ratas por laberintos pero no acuden al laboratorio interior y examinan su propia experiencia de la voluntad. Podría compararlos, con algo de irreverencia, a los teólogos que no quisieron mirar a través del telescopio de Galileo porque temían que se desmoronase su visión del mundo. Descuidaron la introspección, que es el mejor laboratorio que tiene un psicólogo".

Creo en la Hipnosis como herramienta hipnótica.

La uso en otros y en mí.

::::: 12/IV/2013 :::::

Ejercicio práctico. Reprogramación

Pensemos, a modo de metáfora, que nuestro cerebro es como un moderno ordenador.

Así, de igual manera que un ordenador tiene un disco duro donde almacena toda la información que alguien ha ido grabando, nuestro cerebro tiene a nivel de la mente inconsciente almacenadas también todas las experiencias (buenas, malas o regulares) que nosotros hemos ido almacenando. Tenemos modos de funcionar, modos en que nuestro cerebro reacciona.

Tenemos algo así como programas instalados en nuestro cerebro. De hecho, en los últimos años el ordenador ha centrado la atención de los investigadores en el campo de la Psicología, la neurociencia, de los científicos en general. Se toman los sistemas y funcionamientos del ordenador como modelo del cerebro humano. Y conviene recordar que el disco duro de un ordenador tiene habitualmente muchos programas: pueden ser útiles o inútiles, buenos o malos.

Algunos son simplemente estúpidos y otros pura basura. También los hay maravillosos. Eso es lo mismo que contiene el disco duro de nuestra mente, ese disco duro al que podríamos llamar mente inconsciente o, simplemente, el subconsciente. La también llamada memoria celular contiene todos los programas que nos han inculcado desde la más tierna infancia.

Lo escuchado, aprendido, experimentado, leído, sentido, etcétera; la programación de hábitos y patrones mentales, emocionales y físicos a través de los cuales nos relacionamos y nos vivimos a nosotros mismos. Todo eso grabado en el disco duro de nuestro cerebro, con algunos contenidos fácilmente accesibles y otros simplemente inconscientes. Es decir, que si el cerebro es comparable a un ordenador, nuestros pensamientos y acciones equivalen a sus programas. El experto informático puede formatear el disco duro del ordenador y cambiar su contenido con nuevos programas. Algo parecido, salvando las distancias, ocurre con nuestro cerebro, con nuestra mente. La mente se puede 'reprogramar' en positivo y, como ya imaginaréis, estimados lectores, soy un firme convencido que una de las herramientas más válidas para este fin es el trance hipnótico.

En el ejercicio práctico grabado que acompaña esta entrada se trabaja para activar los funcionalismos del cerebro derecho, con metáforas y analogías conceptuales, utilizando esa vasta reserva de recursos y habilidades, experiencias y potencialidades adquiridas o innatas, que muchas veces no utilizamos en el contexto apropiado. Este ejercicio, una adaptación de una propuesta inicial de la doctora Nuria del Val, puede calificarse como naturalista según las orientaciones de Erickson.

Probadlo y sacad vuestras propias conclusiones. Tratad de ser felices y recordad que cada uno de nosotros puede convertirse en arquitecto de su propia mente.

NOTA del EDITOR:

Puede acceder a ésta y otras inducciones grabadas de Horacio Ruiz en Ivoox.com, concretamente en esta dirección:

http://www.ivoox.com/podcast-podcast-Hipnosis-de-horacio-ruiz_sq_f161760_1. html.

Para abrir exclusivamente el audio citado en esta entrada:

http://www.ivoox.com/ejercicio-regresion-hipnotica-2-horacio-ruiz-audios-mp3_ rf_1546852_1.html.

::::: 15/IV/2013 :::::

Hipnosis, marcapasos y chiste

Quiero traer a este blog lo que me ocurrió un día en el que me sentí muy afortunado como profesional de la Hipnosis.

Fue una ocasión en la que todo parecía indicar que una persona estaba inevitablemente obligada a pasar por una peligrosa y dolorosa situación. Pero un trabajo en equipo impecable, en el que unos profesionales de la sanidad pública colaboraron con generosidad, permitió que una operación para cambiar una válvula de un marcapasos finalizara con la paciente contando chistes.

Y en todo aquello tuve la suerte de participar.

Fue hace bastantes años, en el Hospital de Txagorritxu, en Vitoria.

Recibí la llamada de una doctora pidiéndome la ayuda de la hipnoterapia para su madre. La paciente era una mujer de avanzada edad a la que iban a intervenir quirúrgicamente al día siguiente.

La pobre mujer sufría una infección a consecuencia de una válvula de su marcapasos, por lo que los cirujanos debían cambiar dicha válvula por una nueva.

Esta paciente no iba a recibir ningún tipo de anestesia, ya que padecía un tipo de diabetes que lo hacía totalmente desaconsejable.

Por si fuera poco, en la anterior intervención en la que le fue colocado el marcapasos lo había pasado muy mal.

Así que el cuadro era bastante complicado: una mujer de avanzada edad se iba a enfrentar a una operación de cambio de válvula de marcapasos sin anestesia, con un malísimo recuerdo de la intervención anterior. Esta mujer estaba asustadísima, con grandes dosis de ansiedad y muchos problemas para conciliar el sueño.

Pero aquí finaliza el relato de la parte negativa de esta historia porque después todo mejoró.

Por suerte, el responsable del equipo médico que realizó la intervención quirúrgica había sido formado en Sofrología por el psiquiatra Alfonso Caycedo y entendía que la Hipnosis (técnica madre de la Sofrología) sería una buena ayuda por poco resultado que diese. Siempre sería mejor que nada, obviamente.

Así que me puse manos a la obra.

En la misma habitación del hospital, ante la atónita mirada de algunas enfermas de la misma habitación y las enfermeras que controlaban todo el proceso, hipnoticé a la paciente a un nivel lo suficientemente apropiado como para dejarle anclada una orden post-hipnótica. Esta orden me sirvió de gran ayuda durante el tiempo que permanecí después en el quirófano para mantener su trance hipnótico.

La extracción, curación y colocación de otra válvula duró casi cuatro horas.

Mediante la orden post-hipnótica y la enorme sugestionabilidad de la mujer, logré que se disociara de todo cuanto ocurría en el quirófano: como si su cuerpo hubiera quedado dormido (analgesia) y su mente viajara a otro lugar, fuera y lejos del hospital.

Para la disociación me serví de un lugar que ella misma me sugirió. Ella me contó, emocionada y casi con lágrimas en los ojos, que en el salón de su casa se sentía plenamente feliz, rodeada de fotografías y recuerdos de casi toda su vida matrimonial, hijos, nietos… Poseía una tremenda facilidad para sentirse realmente en ese lugar, incorporando todos los elementos sensoriales, disociándose de su cuerpo y de su entorno frío y desangelado de una sala de quirófano.

Inhibida su mente crítica, activada su zona subcortical o subconsciente, actué directamente con los estímulos verbales que generaban respuestas talámicas, evocando comunicaciones simbólicas que provocaban respuestas emocionales positivas de tranquilidad, insensibilidad, analgesia, etcétera (ver W. Kroger, Hipnosis Clínica y Experimental).

Los médicos habían planeado realizar la intervención en dos fases con un intermedio de quince días. Pero las cosas fueron tan bien que se realizó todo en una única sesión.

Tampoco quiero arrogarme méritos que no me corresponden. Debo reconocer que la clave del éxito estuvo en la sugestionabilidad y la capacidad para disociarse que tenía aquella mujer. Podría decir, exagerando un poquillo, que al margen de acompañar con la orden post-hipnótica y de trabajar las sugestiones, mi objetivo fue estorbar lo menos posible al equipo médico dentro de aquel quirófano.

Y al final, después de cuatro horas de intervención para cambiarle con éxito su válvula, la buena señora octogenaria, llena de entusiasmo y jovialidad, abandonó el quirófano contando un chiste y gastando bromas a las enfermeras.

Yo, la verdad, estaba muy sorprendido.

¡La mente humana y sus complejos mecanismos no dejan de admirarme!

Ya lo dijo Arthur Conan Doyle:

"Probablemente, de las últimas cosas que la mente humana llegará a conocer sea a sí misma".

En fin… sed felices al menos un rato, si podéis.

::::: **23/IV/2013** :::::

Hipnosis y luz

Tengo que reconocerlo… la terapia nunca es algo sencillo.

Siempre la afronto con toda la ilusión del mundo porque de su éxito depende, en muchas ocasiones, que la persona que acude a mi consulta sea más feliz. Nada más y nada menos.

Por este motivo, además de ilusión, también hay un punto de responsabilidad.

Y, como suele ocurrir en la vida, hay pocas certezas previas.

La estrategia seguida con un paciente, que puede haber resultado maravillosa, se convertiría en un sonoro fracaso trasladada tal cual a la siguiente persona que llega a mis manos.

En una entrada anterior en este blog conté cómo logré conectar con un muchacho a través de la fascinación que sentía por el jugador de baloncesto Michael Jordan. Surgió la idea en una conversación con el chaval y a partir de esa piedra maestra construí después la terapia.

Traigo ahora a este blog otro ejemplo de cómo la actividad del hipnoterapeuta, al margen de unos conocimientos y una técnica que se pueden aprender, depende de algo tan simple como saber escuchar. Y ver la oportunidad, claro.

Un hombre de cierta edad llegó un día a mi gabinete. Parecía cansado y sus palabras tenían un aire ceniciento.

Trataba yo, mientras conversaba con él, de encontrar esa idea, esa emoción, esa conexión sobre la que edificar la Hipnosis.

Aquí no había cabida para ningún jugador de baloncesto. Todo era más denso, más indefinido, más inasible.

Entonces, sin que yo le preguntara nada, me contó un sueño que había tenido. Más o menos así:

Caminaba por un paraje sombrío, oscuro y tenebroso. Hielo y escarcha por doquier me rodeaban, cuajados de cadáveres, algunos enterrados superficialmente. Era como si la desolación estuviera corporeizada y casi la podía tocar, como si tuviera un cuerpo transparente pero casi físico. La humedad se colaba sin permiso y con total insolencia a través de mis ateridos huesos y articulaciones. Había sucedido algo terrible, una guerra lo había destruido todo, el aliento invisible de la vida inmisericorde había mantenido el oxígeno justo para sobrevivir algún que otro casi cadáver ambulante, como era yo en ese sueño. ¿Dónde están los hombres, dónde los pájaros, dónde la vida? Si miraba al frente para orientarme, todo era sombras. Un hermano mío, perdido en más grande desolación que yo, se cruzó conmigo, casi ni hablamos, éramos dos frías sombras errantes, pero yo aún buscaba algo y él se sumergió en la oscuridad. Yo aún buscaba algo en mi interior que me empujaba a seguir y no abandonar, fuera lo que fuera lo que encontrara. Al final en una parte del sueño me veo llegando a una cueva cavada en la falda de una montaña, dentro, un lugar donde yo tenía que encontrar o meditar algo.

En ese momento de su narración me acordé de unos versos de Miguel Hernández, esos que dicen:

Pero hay un rayo de sol en la lucha

que siempre deja la sombra vencida.

Y el final de su narración me confirmó lo que ya escribió el poeta. El hombre continuó contando el final de su sueño:

Tenía que sentarme y meditar muy profundamente en medio del suelo de aquella cueva. Yo tenía miedo y no me atrevía a hacerlo: debajo del suelo había cadáveres envueltos en gruesos mantos o sacos, algo así como muertos en aparente hibernación. Pero yo tenía que sentarme y entrar en esa profunda mirada interior, tenía que hacerlo aunque no tuviera valor. Mirar dentro es ver, saber y conocer… y ese lado oscuro nadie quiere verlo, ni puede, le asusta, nos asusta. Verse cara a cara en ese lado llamado la sombra es responsabilizarse de lo que uno es y, sobre todo, de lo que puede llegar a ser. Y eso es aceptar ese potencial, aceptar que somos algo más que un sustancia gris, músculos y huesos, que el Dios vivo habita dentro de cada uno de nosotros. Eso nos da más espanto aún. Aceptarlo es hacerse consciente de la responsabilidad única de uno mismo en lo que le sucede, en lo que le pasa y en lo que hace. Aceptar que somos el templo del Dios vivo en nosotros, significa el no poder echarle ya la culpa a papá ni a mamá, ni al cura, ni al político, ni a la sociedad ni a… ¡nadie! ¡Yo y sólo yo soy el único responsable de lo que pienso, siento y… hago!

Ahí estaba la terapia. No hizo falta más que ponerse a trabajar. Le guié con una buena inducción y él fue llegando a unas conclusiones que, es evidente, ya estaban claras en su interior.

Según me contó, comprendió que no nos traen luz figuras celestiales y cegadoras, sino que la luz llega mirando el lado oscuro de nosotros mismos, porque no hay escapatoria al veredicto solemne de nuestra propia conciencia, por mucho miedo que nos dé. Que todo está en la conciencia por muy helada y asustada que esté, puesto que no hay vida ni muerte, ni dios ni diablo, ni risa ni llanto… si no es en la conciencia de cada uno de nosotros.

Y recuerdo muy especialmente cómo acababa ese sueño que propició toda la terapia:

En la cueva lúgubre y misterioso apareció una figura alta, un ser con andar pausado y de aparente calma interior, que irradiaba bondad y generosidad, una alma antigua, grande. Me dio la impresión de que me aguardaba y que sabía que yo le necesitaría en ese momento. Se colocó en el centro de la cueva y, sin decir nada, me transmitió un mensaje:

—No estás solo, yo estoy contigo, haré la primera guardia meditando por ti como antes tú hiciste por mí.

Y, entonces, comprendí que por larga y oscura que sea la noche, siempre hay un venturoso amanecer…

Aquello me impresionó.

Con toda claridad vi que es de la narración de la persona que enfrente nos habla de donde debemos entresacar las ideas y recursos que este tiene potencialmente. Hay que aprender a escuchar y no escucharnos a nosotros, hay que dejar de lado en ocasiones conceptos y supuesto teóricos-clinicos.

La forma de hablar del paciente, sus gestos, su tono de voz… nos está diciendo no sólo lo que le pasa y por qué le pasa, sino que, repito, nos da las pautas a seguir para ayudarle a resolver ese problema. Somos la ayuda final.

El cliente o paciente sabe más que el clínico sobre su propio problema. Es un poco humillante para el orgullo del clínico pero… ¡es la verdad!

Aquel hombre me dijo que siempre hay un venturoso amanecer.

Y yo os lo repito ahora, amigos, hay amanecer por larga y oscura que sea la noche.

::::: 7/V/2013 :::::

Hipnosis con metáforas. Ejercicio práctico

Os dejo aquí debajo una nueva inducción hipnótica grabada.

El objetivo es trabajar con las metáforas y el potencial que todos tenemos en nuestro inconsciente.

Aún te queda mucho por vivir, respira, sigue tu viaje…

Como siempre, os animo a que probéis dejándoos llevar y me contéis después cómo os ha ido.

NOTA del EDITOR:

Puede acceder a ésta y otras inducciones grabadas de Horacio Ruiz en Ivoox.com, concretamente en esta dirección:

http://www.ivoox.com/podcast-podcast-Hipnosis-de-horacio-ruiz_sq_f161760_1.html.

Para abrir exclusivamente el audio citado en esta entrada:

http://www.ivoox.com/Hipnosis-induccion-metaforas-horacio-ruiz-audios-mp3_rf_2026116_1.html.

::::: 9/V/2013 :::::

El inconsciente y lo psicosomático

Lo profundo de la mente, lo subjetivo, continúa siendo una fuerza caprichosa con capacidad tanto de curación como de provocar la enfermedad. Es lo psicosomático, el efecto de la mente sobre el cuerpo.

Muchos médicos, desde su inclinación materialista, prefieren pensar que las sustancias químicas han de ser la respuesta a cualquier trastorno físico o mental.

Aunque afortunadamente no todos piensan así: el endocrinólogo Dr. Deepak Chopra en su obra 'Curación cuántica', escribe que a diario ve a pacientes que muestran síntomas mentales ligados a defectos en su equilibrio hormonal. Por ejemplo, señala el pensamiento trastornado de un diabético que sufre una reacción de insuficiencia de azúcar en sangre o los cambios en el ciclo menstrual de algunas mujeres. Y concluye que no se puede descartar la mente de la conexión mente-cuerpo.

Es decir, la afirmación de que el cuerpo se cura por sí solo empleando unas sustancias químicas equivale a creer que un coche toma una curva gracias únicamente a su trasmisión.

En el interior del ser humano ha de haber un cuerpo pensante que responde a los mandamientos de la mente. Ahora bien, ¿dónde está y de qué está hecho?

Ese factor o poder tan controvertido, cuando no ignorado, que es la mente inconsciente, contiene preciosos recursos y potencialidades que pueden ser movilizados para el crecimiento personal y para la recuperación de la salud.

En palabras del Dr. Milton Erickson, el inconsciente es lo más central de la mente y contiene esas potencialidades capaces de cambiar la experiencia y modificar pautas de conductas que no sirven y condicionan la calidad de vida.

A la hora de enfocar un tratamiento médico para sanar al paciente hay que contar con esa íntima relación de lo psico-somático.

El inconsciente es fuente de salud si es sabiamente canalizado.

Los estudiosos de la Psicología, los teóricos clínicos especialmente, han propuesto la existencia de un centro de la psique que dirige, regula e influye poderosamente en la vida de cada individuo.

Ese inconsciente que, según Carl Gustav Jung, es una fuerza que intenta curarnos, nos instruye, nos aconseja, nos cuida y nos orienta hacia el despertar del verdadero Yo.

Ese inconsciente de los maestros del budismo Zen, en el que sitúan la verdadera sabiduría y la intuición.

Como se puede comprobar, lo profundo de la mente ha recibido diferentes nombres. Sigmund Freud lo llamó inconsciente, fuente de los instintos e impulsos que modelan el comportamiento y que se encuentran fundamentalmente fuera de la conciencia (como si fuéramos patológicamente autómatas).

Carl Gustav Jung dio una cualidad diferente a la esencia del inconsciente al proponer que una persona no solo era guiada por su inconsciente, sino también por su crecimiento personal y por una sensación de bienestar. Propuso que el centro de la psique de la persona (el Sí mismo) tenía también una función compensatoria. Por ejemplo, cuando alguien tiene un miedo consciente, el Sí mismo trataría de proporcionarle los sentimientos de fuerza y valor necesarios para mantener la situación temible bajo control. Jung propuso que los mensajes del inconsciente, o del Sí mismo, siempre conducían al bienestar. Esta experiencia íntima de acceso a la mente inconsciente constituye básicamente gran parte del proceso altamente eficiente de la acción terapéutica a través del trance hipnótico.

Pronto os enviaré un sencillo ejercicio de inducción en autohipnosis para aprender a consultar con el guía interno, un ejercicio de acceso a los contenidos metafóricos del inconsciente.

Mientras tanto, sed moderadamente felices…

::::: **19/V/2013** :::::

Hipnosis. El guía interior. Ejercicio práctico

Se trata de relajarse, de aprender a conectarse con uno/a mismo/a, de, tal vez, descubrir algo. La grabación pretende inducir a una forma más calmada o profunda de verse, de sentirse y, ¿por qué no?, de conectar con la propia sabiduría interior.

Explorar, ver, presentir, intuir.

Pasar del pensamiento exterior al pensamiento interior. Así compartimos conocimiento y sabemos que no estamos solos.

Recordemos lo que decía Erickson:

"Lo importante no es lo que el terapeuta dice al cliente, sino lo que este hace con lo que el terapeuta le dice".

NOTA del EDITOR:

Puede acceder a ésta y otras inducciones grabadas de Horacio Ruiz en Ivoox.com, concretamente en esta dirección:

http://www.ivoox.com/podcast-podcast-Hipnosis-de-horacio-ruiz_sq_f161760_1. html.

Para abrir exclusivamente el audio citado en esta entrada:

*http://www.ivoox.com/Hipnosis-el-guia-interno-horacio-ruiz-audios-mp3_*

rf_2062696_1.html.

::::: **21/V/2013** :::::

Pensar bien, sentirse bien

En ocasiones, la ciencia avanza para demostrar cuestiones muy sencillas. Pero con unas implicaciones impresionantes.

Es el caso de la doctora Candace Pert, una científica de prestigio internacional. Dentro de la comunidad científica, se la conoce fundamentalmente por su descubrimiento del receptor opiáceo en 1973, punto de partida a una sucesión de hallazgos de otros receptores y sus neurotransmisores, con el consiguiente impacto en el conocimiento de las bases químicas del funcionamiento del cerebro, los neurotransmisores y las endorfinas. Sus estudios han resultado esenciales para el desarrollo de un nuevo campo de la medicina denominado psiconeuroinmunología. Estamos, pues, hablando de la relación cuerpo-mente.

La mayoría de los psicólogos tratan la mente como separada del cuerpo, un fenómeno con apenas conexión con el cuerpo físico. Inversamente, los médicos tratan al cuerpo como desvinculado de la mente y las emociones. Pero el cuerpo y la mente no están separados y no podemos tratar ni entender a uno sin el otro.

Las últimas investigaciones científicas demuestran que cada uno de nuestros pensamientos produce la descarga de una sustancia química que influye en cómo nos sentimos. La consecuencia es que nuestro cerebro responde de inmediato ante los estímulos emocionales. Esto quiere decir, explicado de manera sencilla, que nuestros pensamientos hacen que secretemos sustancias químicas llamadas neuropéptidos. Y estos elementos químicos dejan su impronta en nuestra fisiología de forma instantánea.

De igual manera que a cada actividad cerebral le corresponde un determinado estado de conciencia (Teoría de las ondas Alpha y Theta), también hay sustancias químicas para cada estado emocional. Y cada vez que tenemos un pensamiento, la zona del hipotálamo, la *"farmacia del cerebro"*, libera inmediatamente ese neuropéptido (sustancia química) al torrente sanguíneo.

Dado que cada célula de nuestro cuerpo tiene miles de receptores abiertos a tales neuropéptidos, queda claro por qué los pensamientos y las emociones afectan nuestro cuerpo.

Por eso, la manera en que nos sentimos físicamente en un momento dado está relacionado con los pensamientos que tenemos en esos momentos. Por lo tanto, si tengo buenos pensamientos, me sentiré bien, mi cuerpo estará bien.

Si mantengo pensamientos negativos, seguramente me sentiré mal.

Ya lo sabéis, amigos/as.

Pensad bien, os sentiréis bien.

::::: **30/V/2013** :::::

Emociones y sanación

En la anterior entrada de este blog os había hablado de la relación de los pensamientos y las emociones con la parte física de nuestro ser. Os contaba que tener buenos pensamientos y buenas emociones es el camino más directo para el bienestar físico, algo demostrado científicamente.

Quiero seguir ahora con esta premisa, porque de igual forma que esa relación cuerpo mente es una potentísima herramienta positiva en nuestras vidas, también lo puede ser en sentido negativo.

Una enfermedad no es simplemente un problema físico, sino más bien un problema de toda la persona, la cual comprende al cuerpo, pero también a la mente y las emociones.

Y, claro está, habrá que tener muy en cuenta los estados mentales y emocionales, tanto en la susceptibilidad a la enfermedad, como en la recuperación de la misma. Autores como Bernie Siegel y Carl Simonton ya lo han tenido en cuenta, por nombrar algunos de los más conocidos en el mundo de la oncología.

El cuerpo tiene una sabiduría innata que lo lleva a buscar un equilibrio: la salud. La salud depende del equilibrio y la armonía interior y exterior.

Curar no siempre es posible, pero sí lo es sanar. Porque curar tiene que ver más con el cuerpo, mientras que el sanar se relaciona con lo emocional y lo espiritual.

En este sentido, las investigaciones del Dr. Simonton (entre otros clínicos) nos dicen que, en el caso del cáncer, éste suele ser una indicación de problemas y conflictos que están conformando la vida de un individuo. Este investigador señala que estos problemas presentes se suelen agravar o se complican por un conjunto de tensiones y estados de alto estrés, de seis a veinte meses antes de la aparición del proceso canceroso.

En estos casos, el paciente suele responder de forma típica ante estos problemas estresantes, tanto física como emocionalmente: profundo sentimiento de desesperanza, angustia, entrega y rendición. Un pensamiento terrible hace nido en la mente… cáncer = muerte.

Dicho de otro modo, estos oncólogos plantean que esta respuesta emocional negativa dispara a su vez un conjunto de respuestas fisiológicas que suprimen las defensas del cuerpo y hacen más vulnerable al organismo a la producción de células anormales.

Sin entrar en debates sobre los detalles científicos de estos planteamientos, lo que dicen estos investigadores lo he experimentado en mi gabinete con muchos pacientes. Es decir, cuando un paciente ha estimulado el pensamiento y las emociones positivas sus procesos curativos se han visto amplificados. Esto también conlleva que si el paciente se implica en su proceso de sanación, algo que también es su responsabilidad, aquél mejora. Y esto exige no ponerlo todo en manos ajenas, expertas casi seguro, pero ajenas al fin y al cabo.

::::: 2/VI/2013 :::::

La medicina del deseo de curarse

Como os venía contando en las dos entradas anteriores de este blog, cuando un paciente estimula el proceso curativo desde dentro de sí mismo ayuda y amplifica la ayuda exterior.

Ahora bien, sigue existiendo un gran enigma que la ciencia todavía no puede responder: ¿Dónde se produce o se tiene que realizar el cambio, en el cuerpo físico, en la mente? ¿Está implicada la conciencia total, potencialidades del inconsciente? ¿Es un conjunto de todo? En su energía interior, ¿quién rige ese proceso?

Cualquier clínico o profesional de la terapia sabe que el deseo del paciente por recuperarse desempeña una función vital en el tratamiento: la fe en la curación, su nivel de compromiso por seguir con vida, cumplir metas y tener expectativas… todo eso genera ilusión y ganas de continuar vivo, lo que repercute en el sistema inmune, determinando a veces la enfermedad o la curación.

Es un hecho evidente y demostrable.

Los médicos saben, (algunos al menos), que la fe, las creencias profundas religiosas, las expectativas y la necesidad de cumplir algún cometido como ayudar a sus seres queridos, son condicionantes que juegan un papel principal en todos los casos de recuperación y sanación.

Esto se ha podido comprobar hasta en casos de tumores, en los que, en casos puntuales, ha podido haber una remisión espontánea del cáncer precedida de un cambio en los estados de la conciencia.

Siempre.

Y ese cambio es precisamente la fuerza que actúa sobre el sistema inmune activando sus funciones curativas o sanadoras.

Operada de cáncer en el Hospital Monte Sinaí, a una clienta mía le dijo el director de Oncología de ese centro:

"Hemos comprobado que la gente con fe y creencias religiosas ha sobrevivido más y con mejor calidad de vida que aquellos escépticos y sin ánimos ni metas esperanzadoras

en la vida. Aconsejamos formas de Hipnosis, visualización y oración…".

El cuerpo médico ya no discute la participación de la fe, la actitud y las emociones en la curación. El poder de la sugestión es innegable.

En la siguiente entrada del blog os dejaré un nuevo ejercicio hipnótico muy básico, para la curación de malestares menores, dirigido a disminuir el nivel del estrés, ese estrés que tanto ayuda a empeorar los problemas.

Lo demás se lo dejo a los oncólogos, que para eso están y han estudiado científicamente el tema.

Cuidaos un poquito… hay gente que os quiere, seguro.

::::: 3/VI/2013 :::::

Hipnosis. Sanación. Ejercicio práctico

Después de las últimas entradas en este blog en las que he reflexionado sobre la importancia de los pensamientos y las emociones en el estado físico, os dejo un ejercicio práctico grabado que las complementa.

Se trata de una inducción hipnótica para trabajar la sanación, salud mental y física.

Hipnosis y sanación. Aquí lo tenéis.

NOTA del EDITOR:

Puede acceder a ésta y otras inducciones grabadas de Horacio Ruiz en Ivoox.com, concretamente en esta dirección:

http://www.ivoox.com/podcast-podcast-Hipnosis-de-horacio-ruiz_sq_f161760_1. html.

Para abrir exclusivamente el audio citado en esta entrada:

http://www.ivoox.com/Hipnosis-sanando-horacio-ruiz-audios-mp3_rf_2107748_1. html.

::::: 5/VI/2013 :::::

Auto Hipnosis. Una respuesta a Antonio

En la reciente entrada de este blog titulada 'La medicina del deseo de curarse' me dejaron este comentario:

Estimado Horacio.

Hace unos días hice un comentario en un blog de Hipnosis y esta es la respuesta que recibí.

"Antonio, ni yo sería capaz de auto hipnotizarme. Simplemente me quedaría despierto

o dormido, pero no lograría nada terapéutico".

La verdad es que llevo poco tiempo practicando y si bien he podido experimentar entrar en un estado alterado de conciencia no he obtenido ningún cambio en mí a modo de experimentación conmigo. Pero siempre he entendido que se puede aplicar la autohipnosis como terapia.

Si tienes a bien y te es posible,

Antonio.

Pensé contestarle directamente a continuación en esa misma entrada pero, dado lo importante del comentario, he decidido dedicarle una nueva entrada.

Y aquí va.

Estimado Antonio, hay que especificar dos cosas

La primera es que toda Hipnosis es autohipnosis.

La persona escucha lo que se le dice y, con esa información interiorizada y como respuesta interna, se sugestiona produciéndose por tanto el estado hipnótico. Simplemente necesita escuchar que alguien desde fuera diga cosas que afectan a diferentes funciones cerebrales, al sistema límbico, a la zona subcortical, al tálamo… se inhibe el córtex y por sugestión se activa el subcórtex… explicado sencillamente, eso es el fenómeno hipnótico.

Es decir, a través del uso del lenguaje, la semántica, el verbo o palabra, se inhibe la zona del córtex o parte consciente. y se activa el subcórtex o soporte anatomofisiológico del inconsciente.

Las funciones cerebrales y psicológicas quedan concentradas en unas palabras que provocan respuestas talámicas y esta sería la base para explicar los distintos fenómenos sugestivos-hipnoticos.

Por consiguiente, es lo mismo que tú mismo te dirijas estas sugestiones (mentalmente-auto-Hipnosis) que te lo diga otra persona y tú lo aceptes (heteroHipnosis).

Lógicamente se potencia y se interioriza mejor (al principio) si te lo dirige un profesional o experto desde fuera.

La diferencia fundamental entre la autohipnosis y la heteroHipnosis viene realmente cuando se realiza la terapia, porque claro está que es muy difícil realizarla uno sobre sí mismo. Existen métodos pero se apartan del marco de este blog y de la Hipnoterapia.

Creo que podemos explorar este tema con un ejercicio práctico que grabaré y os ofreceré como siempre desde esta plataforma. Será una breve inducción hipnótica de auto-Hipnosis que servirá para reforzar el control, la autoestima y potenciar recursos y experiencias acumulados a través del tiempo.

Por si alguien no lo tiene aún claro, recuerdo que lo fundamental es la práctica, la práctica y… más práctica. Solo la práctica hace maestro al discípulo.

Seguiremos conversando y muchas gracias a Antonio y a todos los que me seguís y dejáis vuestros comentarios.

¡Siempre adelante!

::::: **9/VI/2013** :::::

¿Estás hipnotizado?

Alo largo de mi vida profesional he tenido que escuchar no pocas veces a personas que se sentían frustradas porque no lograban entrar en Hipnosis, porque no profundizaban lo suficiente en el trance:

– No he conseguido entrar en Hipnosis, no me has hipnotizado.

Mi respuesta, con variantes según los lugares y los momentos, siempre ha sido algo parecido a:

– Puede que no hayas logrado entrar en Hipnosis… pero también puede que sí lo hayas logrado y creas que no porque la Hipnosis no es lo que tú y mucha otra gente cree.

¿Qué es estar hipnotizado?

De nuevo tenemos que advertir aquí del daño que los estereotipos han hecho a la Hipnosis.

Hay quien piensa que estar hipnotizado es estar dormido y actuar automáticamente, como un robot que cumple las órdenes que le da el hipnotizador, sin capacidad crítica de discernimiento.

Os suena de muchísimas películas, ¿verdad?

¡Cuántas veces hemos visto recreaciones en la pantalla de sujetos hipnotizados que perdían su voluntad y su capacidad de oponerse a las órdenes del hipnotizador!

Bueno, pues no.

La realidad es otra bien distinta.

¿Cómo saber cuándo estás y cuando no estás hipnotizado?

Como dicen Grinder y Bandler, hipnotizar es inducir un trance –un estado alterado de conciencia– ya sea en otros o en uno mismo, logrando una comunicación más eficaz y suscitando respuestas más intensas.

Es importantísimo destacar que el trance hipnótico adopta muchas formas:

• viendo absortos la televisión, identificados con la trama, nos emocionamos, reímos o lloramos, sentimos miedo o rabia. Tan absortos podemos estar en la pantalla que, si alguien nos habla, a veces ni le escuchamos. Hemos focalizado la atención en lo que se proyecta y nos disociamos del resto de los estímulos.

• al acostarnos por la noche, cando van surgiendo las imágenes hipnagógicas, a punto de dormirnos pero en la transición entre vigilia y sueño.

• al despertar por la mañana, sin estarlo del todo despiertos, todavía somnolientos y con ganas de quedarnos unos minutitos.

Son sólo unos ejemplos de ese estado crepuscular de conciencia, con su correspondiente actividad mental en ondas Alpha y Theta. Todo es trance y a lo largo del día pasamos muchas veces por él. Pensemos en una idea que nos deja absorto cuando vamos en el tren, cuando nos quedamos pensando en una persona, algún hecho…

Entonces la mente está más receptiva y cualquier sugestión tiene más fácil acogida.

En fin, lo repito y no me canso:

– Hipnosis no es perder el control de uno mismo, ni que te anulen la voluntad o caer en un sueño tan profundo que suponga que después no puedas recordar nada.

Por eso, a todos los que me dicen que no han entrado en Hipnosis, les vuelvo a preguntar:

– ¿Seguro que no?

::::: **15/VI/2013** :::::

Hipnosis. Autohipnosis. Ejercicio práctico

Después de varios días debatiendo sobre Hipnosis, autohipnosis y trance, después de interesantes conversaciones con varios de los seguidores de este blog, aparco un momento mis reflexiones para dejaros un nuevo ejercicio práctico grabado con una inducción.

En esta propuesta práctica os ofrezco una inducción con la que potenciar las capacidades de cada uno.

Es sólo una grabación planteada de forma genérica, pero espero que os ayude.

NOTA del EDITOR:

Puede acceder a ésta y otras inducciones grabadas de Horacio Ruiz en Ivoox.com, concretamente en esta dirección:

http://www.ivoox.com/podcast-podcast-Hipnosis-de-horacio-ruiz_sq_f161760_1. html.

Para abrir exclusivamente el audio citado en esta entrada:

http://www.ivoox.com/Hipnosis-autohipnosis-horacio-ruiz-audios-mp3_ rf_2139618_1.html.

::::: **18/VI/2013** :::::

¿Por qué un taller sobre Hipnosis y vidas pasadas?

Los próximos días 13 y 14 de julio imparto un taller sobre 'Hipnosis y regresión a vidas pasadas'.

Solo dentro de ti existe esa otra realidad que anhelas.

Nada puedo yo darte que no tenga ya existencia en tu propio interior.

No hay pinacoteca cuyas puertas pueda yo abrirte de par en par, si no es tu propia alma.

Herman Hesse

El inconsciente es la historia no escrita de la humanidad desde tiempos inmemoriales.

Carl Gustav Jung

Y… ¿qué sentido tiene este taller?

Los niveles de bienestar y de seguridad en que vivimos nos impiden a menudo profundizar en el conocimiento de las imágenes que mueven y regulan nuestra existencia. Evidentemente somos algo más que un cuerpo y un cerebro, nuestra psique se extiende hacia lo transpersonal, algo más que nuestro pequeño y limitado ego personal. Mucha gente suspira por encontrar medios que le permitan disipar las nubes de la ignorancia.

Como lo subraya Ilya Prigogine, ganador del Premio Nobel en 1977 por su teoría de las transformaciones, atravesamos quizá un momento crucial en el que las tensiones y conflictos de nuestro tiempo pueden empujarnos hacia un orden nuevo y superior.

Esto es lo que Thomas Kuhn, historiador de la ciencia y filosofía, describe como movimiento hacia un cambio de paradigmas, entendiendo por paradigma tal o cual esquema mantenido por una comunidad de individuos para comprender y explicar ciertos aspectos de la realidad.

Si llegamos a comprender que lo que estamos buscando es la transformación, veremos también que el principio básico del taller que ofrezco a mediados del mes que viene no es la terapia referente a vidas pasadas, sino la que tiende a transformarnos personalmente. Nadie puede llevarnos de un camino a otro si no lo ha transitado él primero.

El taller ofrece una perspectiva de transformación donde se explora la fecunda posibilidad de que estemos ligados a una pauta de conciencia psicológica que va más allá del conocimiento ordinario.

Constituye una vía de autoconocimiento sin igual y una poderosa herramienta terapéutica para el clínico sin miedos ni prejuicios.

Poco importa que creamos o no en las representaciones mentales de una vida pasada.

Con el empleo de metáforas y contenidos simbólicos se suscita una interpretación de esas imágenes que nos vinculan universalmente unos con otros.

Recordemos lo que decía San Agustín:

Dentro de mí hay uno que sabe más de mí que yo mismo.

No lo discutas, compruébalo por ti mismo, por ti misma… Anímate y ven al taller.

::::: **26/VI/2013** :::::

Hipnosis y regresión. Ejercicio práctico

Algunos ya sabéis que estoy ultimando la preparación de un taller sobre Hipnosis y regresión de dos días que impartiré los próximos 13 y 14 de este mes de julio.

Quiero dejaros ahora en este blog un ejercicio práctico de regresión hipnótica, al estilo de los que voy a trabajar de forma más profunda con los alumnos que acudirán al taller.

Como siempre, recordad que no importa tanto si se cree en otras vidas o en la reencarnación, sino en el beneficio terapéutico que estas regresiones hipnóticas nos pueden ofrecer.

Probad y me contáis.

NOTA del EDITOR:

Puede acceder a ésta y otras inducciones grabadas de Horacio Ruiz en Ivoox.com, concretamente en esta dirección:

http://www.ivoox.com/podcast-podcast-Hipnosis-de-horacio-ruiz_sq_f161760_1. html.

Para abrir exclusivamente el audio citado en esta entrada:

http://www.ivoox.com/Hipnosis-regresion-horacio-ruiz-audios-mp3_rf_2181063_1. html.

::::: **2/VII/2013** :::::

Concha y Fernando

Me ha conmovido la muerte de Concha García Campoy.

Han emergido en mi memoria inconsciente viejos recuerdos, antiguas emociones y complejas sensaciones que han pujado por salir apresuradas, desbordando mi presente con esos recuerdos del pasado.

Debe ser real que todo es ahora y aquí. Y que no hay pasado ni futuro, más bien un constante y escurridizo presente.

En este ahora que todo lo abarca he recordado aquella voz profunda y misteriosa del Dr. Fernando Jiménez del Oso, el que fue para mí un ser entrañable y bonachón, un espíritu sabio e inquisidor del misterio, de lo insondable, sin perder la mente científica: él nunca caía en el error de negar el misterio simplemente por que se desconociera en esos momentos la naturaleza del fenómeno investigado.

Sí, la noticia de la muerte de Concha me ha trasladado, de repente, del ahora y mis circunstancias, a aquella época en que compartía momentos, emociones, amistad y experiencias con mi querido amigo Fernando.

De repente me he vuelto a sentir, como hace muchos años, en los estudios de Onda Cero de Logroño, serían las tres de la madrugada…

Allí colaboraba en un programa de radio. Al otro lado, a través de los cascos, me llegaba la voz de tan extraordinaria comunicadora y excelente mujer, la

Señora de las Ondas Radiofónicas, Concha García Campoy. Al final de este texto podéis escuchar uno de aquellos programas.

En aquella época compartí con ella y con Fernando seis programas sobre la Hipnosis y la regresión.

¡Qué queréis que os diga, amigos, me ha emocionado y el corazón me late un poquito más de prisa!

Vaya para vosotros, Fernando y Concha, seres maravillosos que tuve el placer y honor de conocer en mi presente existencia, un abrazo desde el único lugar eterno y que lo abarca todo: un mágico presente.

Desde el alma, desde lo eterno, estéis donde estéis, queridos amigos Fernando y Concha, por fin habéis conocido esa respuesta al misterio sobre la que tantas veces hablasteis conmigo.

Esperadme un poquito, sobre todo tú, Fernando.

¿Te acuerdas? Unos meses antes de emprender ese eterno viaje, me pediste:

–Horacio quiero que trabajemos muy seriamente sobre regresiones, tengo verdadera necesidad de explorar.

–Cuando tú quieras Fernando –te contesté–.

–No, Horacio, ahora va en serio.

Aquel día, en su despacho de la Editorial América Ibérica en Madrid, no me di cuenta de la trascendencia de aquella petición. Ahora sí. Probablemente esa necesidad de explorar en vidas anteriores venía dada por el conocimiento de que su vida física llegaba a su fin.

Seis meses después mi querido amigo Fernando subió al navío que surca inexorablemente el tiempo y el espacio, por esos océanos de la eternidad.

Quién sabe... tal vez nos volvamos a encontrar, en algún puerto donde desembarquemos de nuevo para darnos un fraternal abrazo.

Ahora, que suerte para ti, Fernando, te verás quizá con esa extraordinaria mujer, Concha García Campoy. Quién sabe si concertando una nueva aventura para seguir compartiendo en las ondas radiofónicas. Dejadme un mapa, por si acaso.

Desde el corazón, gracias por haberme dado la oportunidad de conoceros. He sido muy afortunado.

NOTA del EDITOR:

Puede acceder a ésta y otras inducciones grabadas de Horacio Ruiz en Ivoox.com, concretamente en esta dirección:

http://www.ivoox.com/podcast-podcast-Hipnosis-de-horacio-ruiz_sq_f161760_1. html.

Para abrir exclusivamente el audio citado en esta entrada:

http://www.ivoox.com/programa-concha-garcia-campoy-Hipnosis-regresion-audios-mp3_rf_2205703_1.html.

::::: **11/VII/2013** :::::

Dos anécdotas de cine

Repasando hace unos días la cartelera de los últimos estrenos de cine me he llevado una sorpresa. se ha estrenado recientemente en España una película titulada 'Trance', del director Danny Boyle.

Por pura deformación profesional me atrajo el título y leí la sinopsis de la película: un subastador de obras de arte, un tal Simon (actor James McAvoy), es utilizado por un grupo de delincuentes en un robo aparentemente perfecto; como consecuencia del atraco, Simon recibe un golpe en la cabeza y olvida dónde está el cuadro de Goya que habían robado.

Entonces surge un personaje femenino que me resulta familiar, Elizabeth (Rosario Dawson), porque se trata de una terapeuta especializada en Hipnosis y que utiliza métodos muy peculiares para recuperar esa información de su memoria.

En fin, no he visto la película pero reconozco que siento cierta curiosidad.

Y no se trata sólo de una curiosidad como hipnoterapeuta. No, no es sólo por eso.

Hace unos dos años me llamaron por teléfono en nombre de una productora de cine. Una joven me explicó que estaban proyectando realizar una película donde había un robo y donde un personaje perdía la memoria.

Quería mi experiencia como profesional de la terapia con Hipnosis sobre aspectos de pérdida de memoria como el citado. Le expliqué largamente cómo se puede realizar una Hipnosis regresiva para que la persona vaya recordando poco a poco la memoria de los hechos acontecidos, es decir, cómo realizar una Hipnosis para activar la hipermnesia…

La explicación fue extensa. Durante casi una hora fui contándole qué tipo de lenguaje se utiliza en estas inducciones mientras la joven de la productora iba tomando nota de todo y, de vez en cuando, me interrumpía para aclarar algún concepto.

No había vuelto a tener noticia de esta productora y, la verdad, me había olvidado del asunto.

Ahora he recordado toda aquella conversación, especialmente al leer que el director Danny Boyle ha pretendido *"someter al espectador a una sesión hipnótica"*.

¿Qué os parece?

Creo que, en cierta forma, he colaborado en el guión de una película. Me lo tomaré con humor y me pensaré si incluyo en mi curriculum la profesión de guionista de cine.

Hasta aquí la primera anécdota.

La segunda es mucho más grata para mí.

Ocurrió hace muchos años y está relacionada con otra película, 'La Novena Puerta', de Roman Polansky.

Me visitó en el gabinete que yo tenía en Madrid el actor Jack Taylor, porque quería someterse a Hipnosis.

Según me dijo, un amigo suyo norteamericano se lo había recomendado. Es práctica habitual en ese país que los actores recurran a la Hipnosis para mejorar su actuación en los rodajes, su memorización, su autocontrol.

Jack Taylor tenía que representar un papel bastante importante en una obra de teatro y hablar varios idiomas. La Hipnosis le funcionó perfectamente y completó una excelente interpretación.

Tiempo después al teléfono volví a oír su español con el clásico deje particular de Jack:

–Horacio, soy Jack Taylor, ¿te acuerdas de mí?

–Claro que me acuerdo Jack, ¿Cómo te va?

–Muy bien. Necesito que me hagas alguna sesión de Hipnosis nuevamente… Mi amigo el director Roman Polansky quiere que yo intervenga en su próxima película. Y quiero alguna sesión para ir centrado y plenamente inspirado. Es un papel muy importante para mí.

–Muy bien Jack, cuando tú quieras vienes y trabajamos. Para mí será un placer verte de nuevo.

Recuerdo muy bien a Jack Taylor. Además de un gran actor, es una persona excelente. Irradia un aura de conocimiento, cultura y una humanidad inmensa. La verdad siento gran admiración por él.

Sí, admiro a Jack Taylor.

En cambio, a Danny Boyle no le conozco personalmente.

::::: **17/VII/2013** :::::

A todos, muchas gracias

Un numeroso grupo de personas provenientes de distintos y distantes lugares de España se acercaron hace poco a compartir la experiencia de Hipnosis regresiva a vidas pasadas en tierras manchegas.

Del norte y del sur, del este y del oeste. Magnifica metáfora de la unión que hace la fuerza. La fuerza, el ánimo, la inquietud psicológica, el anhelo de encontrar un significado a la vida, a este ser a veces tan distorsionador y tan angustiante que conlleva la existencia humana.

Había necesidad de investigar, de explorar en ámbitos psíquicos desconocidos. En realidad, desconocidos sólo aparentemente, ya que esos ámbitos son o están dentro de cada uno de nosotros. Hablar de regresión es hablar de volver a… un lugar donde hemos estado antes, una casa, un pueblo, un país o simplemente estados de conciencia.

Para los que miramos más allá de los fundamentos clínicos o académicos es una forma de conocernos en profundidad, por encima de los miedos producidos por la propia ignorancia.

Aunque, en realidad, mi mente y la de todos los participantes mantenía un propósito científico, esto es, explorar, experimentar y hablar con conocimiento de causa.

¿Si no investigo, exploro y compruebo por mí mismo, ¿Cómo puedo llamarme hipnoterapeuta e intentar o pretender ayudar a otros?

Nadie puede llevar u orientar por un camino a alguien si no ha recorrido el mismo antes ese sendero.

En este taller sobre Hipnosis y regresión unos creían en la reencarnación, otros lo veían más bien como simples imágenes metafóricas o simbólicas, es decir, como creaciones del inconsciente a modo de imágenes oníricas. Otros no se planteaban nada más que una experiencia de autoconocimiento, otros lo veían como una poderosa herramienta terapéutica que ya está aportando una visión más amplia y enriquecedora en el terreno de la psicoterapia, incluida la clínica.

Las sesiones hipnóticas pasaban antes de llegar a la regresión por el proceso conocido como reencuentro con el niño interior, momento en el que muchos aprovecharon para contactar y sanar esa parte emocional infantil, para permitir que creciera y evolucionara con el objetivo de integrarla en el yo adulto actual.

Así, este yo adulto de ahora se enriquece y madura, sanando viejas heridas emocionales del pasado.

Fue extraordinario. Seres con inquietudes, de diversas creencias, profesiones y anhelos, nos abrazamos simbólicamente hermanando nuestros lazos como personas.

A todos, gracias.

La verdad no encuentro otra palabra más sincera y grandiosa.

Simplemente, sencillamente:

¡GRACIAS!

PD: Y para todos los que os quedasteis con las ganas de acudir pero no os fue posible, para todos los que os habéis interesado por teléfono o correo electrónico, ya tengo en marcha un nuevo Taller sobre Hipnosis y regresión a vidas pasadas para septiembre. Los días 7 y 8. Os espero a todos.

::::: **22/VII/2013** :::::

Un regalo de una alumna

Puede que los regalos que más ilusión hagan sean los inesperados. Hace unos días he recibido un correo de Julia, una alumna del último taller que he impartido recientemente sobre Hipnosis y regresiones a vidas pasadas.

Le pedí permiso para publicarlo. De forma generosa me lo ha permitido y aquí os lo dejo, porque merece la pena su lectura.

Es un ejemplo de todos los caminos que pueden abrirse en este tipo de talleres.

Hola Horacio:

He visto lo que has publicado en tu blog referente al curso del finde que estuvimos en Villarrobledo. Llevo unos días pensando en escribirte y, al ver tu publicación, me he puesto a ello. Quería darte también las gracias, porque me han venido muchas cosas buenas como resultado del taller. Me puse, pasados unos días que Miguel me dejó los audio, a practicar los trances que nos hiciste.

Volví a empezar por el principio, pasaron un par o tres de días, y una noche tuve un sueño muy intenso y revelador, tan revelador que me ha dado la clave del origen de por qué apretaba la mandíbula por la noche, ¡increíble pero cierto!

No sé si recordarás que te comenté que estaba tratando de solucionar ese tema, que por cierto llevo años, ni sé los que son.

Ahora estoy procesándolo, y sanándolo, además tiene que ver con un abuelo mío, que en mi árbol es un antepasado que tengo en mi línea de afinidad, como se dice en psicogenealogía.

He tenido más sueños, muy claros: el siguiente fue sobre una bebé, una niña a lo que yo estaba cuidando… y otro al día siguiente otro sobre cómo me tocaba cuidar a tres bebes varones (a éste último todavía no le encuentro el significado, pero algo ha hecho, seguro).

Bueno, pues eso, que en los trances no es que visualice mucho. En el trance sí siento, pero evidentemente algo se me destapa, porque tengo después unos sueños muy claros, más intensos de los que suelo tener.

Imagino que esto es normal, pero ¡para mí está siendo todo un descubrimiento! Todo esto te lo cuento para reiterar mi agradecimiento al finde tan estupendo que pasamos y al taller y que no te olvides de avisarme cuando hagas el curso profesional de Hipnosis y PNL en Villarrobledo.

Que ya estoy apuntada.

Un fuerte abrazo, con cariño Julia.

::::: **30/VII/2013** :::::

Hipnosis para lesiones. Ejercicio práctico

Me ha solicitado uno de los fieles seguidores de este blog llamado Antonio una inducción para mejorar la recuperación de lesiones y molestias menores.

Me comentaba, en concreto, que él está convaleciente de un esguince de tobillo.

La Hipnosis es muy útil para aliviar dolores, provocar analgesias y aprender a disociarse del malestar.

Por supuesto, no me cansaré nunca de repetir que la Hipnosis debe ser el complemento de un control y un tratamiento médico adecuados.

Asimismo, tampoco quiero dejar sin señalar que este tipo de inducciones grabadas que os ofrezco las realizo necesariamente con un tono muy generalista, porque la terapia más adecuada se hace en el gabinete de forma personalizada. Así que, ya sabéis, os espero en mi gabinete. No seáis tímidos.

NOTA del EDITOR:

Puede acceder a ésta y otras inducciones grabadas de Horacio Ruiz en Ivoox.com, concretamente en esta dirección:

http://www.ivoox.com/podcast-podcast-Hipnosis-de-horacio-ruiz_sq_f161760_1.

html.

Para abrir exclusivamente el audio citado en esta entrada:

http://www.ivoox.com/Hipnosis-mejora-para-recuperar-lesiones-malestares-menores-audios-mp3_rf_2258833_1.html.

::::: **2/VIII/2013** :::::

Freud y la Hipnosis

Los personajes históricos suelen ir acompañados de falsos mitos. Unas veces por exceso y otras por defecto.

Circula por ahí relativo al creador del psicoanálisis, es decir, Sigmund Freud, el tópico de que era o fue un mal hipnotizador y muy limitado en cuento al uso de técnicas para inducir al estado hipnótico a sus pacientes. Su forma de inducir al trance hipnótico, se dice, era esencialmente autoritaria y de fuerte carga sugestiva. Solía poner la mano sobre la frente y a partir de ahí ordenaba al paciente que le fuera relatando lo primero que le viniera a la mente…

Por otro lado, también se dice que no fue capaz de manejar las típicas transferencias que resultaban como parte del proceso terapéutico con sus pacientes (mujeres).

No olvidemos que Freud era hijo de su época, como no podía ser de otro modo. La época victoriana de una Viena cargada de un excesivo puritanismo sexual y todos los prejuicios que nos podamos imaginar.

Otro de los tópicos es que la Hipnosis y la sugestión no tienen nada que ver con el psicoanálisis y con la idea que Freud tenía de estos aspectos tan esenciales históricamente en toda psicoterapia. Un estudio profundo de la obra de Freud demuestra todo lo contrario.

Freud utilizó la Hipnosis hasta que la sustituyó por el método psicoanalítico. Pocos saben que su inicial contacto con ella se produce al ver a un hipnotizador de teatro de nacionalidad danesa, llamado Carl Hansen, quien actuaba con el nombre artístico de Hansen Le Magnetiseur.

Cuando Freud era un joven estudiante de medicina asistió a una demostración de Hansen y, viendo que uno de los sujetos adquiría una palidez mortal, como si hubiera caído en un estado de catalepsia, llegó al convencimiento de que los fenómenos de Hipnosis eran auténticos.

Freud primero estudió y practicó la Hipnosis con Charcot y a continuación con Bernheim (representantes de las escuelas de la Salpêtrière y de Nancy), es decir, con los que más prestigio tenían en aquella época en esta disciplina.

Posteriormente, utilizó la Hipnosis como método terapéutico durante sus primeros diez años de actividad profesional, desde 1886 hasta 1896.

Está probado que Freud conoció y realizó regresiones hipnóticas, hipnoanálisis, pues entonces se creía que la abreacción de ciertos recuerdos traumáticos en estado hipnótico podía curar la patología histérica.

Freud, quien fue el primero en proponer que la Hipnosis posibilita el acceso al inconsciente, sustituyó la regresión hipnótica por la evocación en estado de vigilia de los recuerdos expresados por medio de la palabra (cuya asociación libre interpreta el psicoanalista) como un procedimiento liberador del inconsciente.

La práctica de la Hipnosis, y especialmente de la regresión, permitió a Freud descubrir el psicoanálisis. Por tanto, la regresión hipnótica, al evolucionar por obra de Freud hacia la asociación libre sin trance, se había transformado en psicoanálisis.

La diferencia entre Hipnosis y psicoanálisis para Chauchard es que *"con el psicoanálisis se explora el inconsciente evocándolo; por el contrario, con el hipnotismo se le evoca sumiendo al sujeto en una inconsciencia relativa"*.

Freud abandona la Hipnosis, ya que había observado que los resultados obtenidos por ésta no eran duraderos. Los síntomas reaparecían cuando se producía un alejamiento en la relación entre paciente terapeuta. Además, Freud no siempre conseguía hipnotizar a sus pacientes. Es por ello que buscó otra técnica que permitiera al paciente recordar esas experiencias traumáticas olvidadas.

No obstante, Freud tuvo la honestidad de reconocer la importancia de la Hipnosis. Dejó dicho:

–Nunca se ponderará suficiente en la historia del psicoanálisis lo que teórica y prácticamente heredó del hipnotismo.

PD: Y todo esto viene a cuento al recordar aquellos dos años escolares en que me introduje someramente en el estudio del psicoanalisis freudiano de la mano de una autoridad en el mismo, el padre jesuita D. Luis Arroyo, en el Centro San Luis de Bilbao. El tiempo pasado agiganta para mí aquellos estudios y todo lo que aprendí.

::::: 10/VIII/2013 :::::

Freud y la Hipnosis (II)

En la anterior entrada de este blog recordaba las dificultades que tuvo Sigmund Freud en el uso de la Hipnosis, técnica que practicó durante décadas pero que finalmente dejó abandonada porque los resultados que logró no eran duraderos.

Al parecer, constató que los síntomas reaparecían cuando se producía un alejamiento en la relación entre paciente y médico.

Quiero darle ahora una respuesta al comentario que sobre esta cuestión ha dejado Alejandro Rodríguez en este blog.

Porque pudiera parecer, tras leer lo que le ocurrió a Freud, que la Hipnosis fuera una técnica que no sirve para la terapia.

Y nada más lejos de la realidad.

Antes de entrar a explicar este asunto, quisiera recordar aquí el concepto de la sugestión, porque lo considero clave.

Estamos casi todos de acuerdo en que la sugestión es una forma de influencia psíquica que una persona puede ejercer sobre otra. Se debe tener en cuenta que la sugestión puede estar presente en cualquier campo de las relaciones humanas. Existe sugestión tanto en la curación a través de los ritos y cultos de las sociedades primitivas, como en las supuestas curas milagrosas que provoca la fe, o en el mismo acto médico tal y como también reconoció el citado Freud. El caso es que la Hipnosis que practicó el padre del psicoanálisis (autoritaria, primitiva y basada en inducciones del tipo 'mano en la frente y ahora duermes') estaba fundamentalmente ejercida desde la autoridad del médico, es decir, usaba fundamentalmente la sugestión.

En otras palabras, Freud no maneja la Hipnosis con la eficacia necesaria, lo cual no es de extrañar teniendo en cuanta la época y la mentalidad de aquellos hombres. Sin menospreciar en absoluto su labor y su aportación, pienso sinceramente que cometía el error de trabajar fundamentándose casi en exclusiva en el poder de la sugestión y de las órdenes y la autoridad del hipnotizador, sin contar con el compromiso del propio paciente.

Sin olvidar tampoco que él mismo reconoció que no lograba inducir el trance hipnótico en todos sus pacientes.

¿Por qué la terapia no le resultaba cuando se alejaba en el tiempo la relación entre el paciente y el médico?

Pues precisamente porque se centraba en el poder de la sugestión que únicamente tapaba el problema psicológico. No existía por tanto una catarsis, una abreacción o el proceso interno de cambio y superación del problema.

El propio Freud reconoció que la Hipnosis no vencía las resistencias… Pero yo estoy convencido de que esto fue así porque el verdadero problema de los pacientes no salía a la luz.

La buena terapia en Hipnosis no es dormir al paciente y tratarlo con sugestiones autoritarias, sino lograr que se implique en su problema y ayudarle en la búsqueda de la solución.

Por último, adelantar que soy un firme convencido de las capacidades de la Hipnosis en terapia. Estudios de Meta-análisis realizados en los años 80 confirmaron que toda psicoterapia (cognitiva, conductual, sistémica, etcétera) resulta más eficaz cuando se realizan en un contexto hipnótico.

::::: 21/VIII/2013 :::::

Creer en la reencarnación

Hablar o escribir acerca de las vidas pasadas es algo extremadamente complejo. delicado en sí mismo, sobre todo porque estamos hablando o investigando en un terreno tan resbaladizo como es la 'psique', la mente, que por su propia naturaleza es subjetiva.

No es algo que se pueda medir, pesar o tocar. No es algo tangible o que se pueda agarrar. Se puede experimentar, puesto que obviamente es una experiencia interna, pero sus contenidos resultan inabarcables.

Por eso existen, como he indicado muchas veces, tantas teorías y diferentes maneras de explicarla.

Los investigadores del tema de las regresiones nos dicen que uno de los aspectos más fundamentales de la Hipnosis regresiva podría ser el de quitar dramatismo al concepto mismo de la reencarnación. De esta manera, se preguntan sobre la razón de ser de las regresiones desde un enfoque plenamente positivo, ya que, al final, pueden servir para hacernos más conscientes sobre el sentido de la misma existencia.

No importa si creemos o no en la reencarnación. La creencia sin la experimentación íntima y personal nunca ha transformado a nadie

Y digo esto porque, al margen de la creencia de cada cual, la regresión hipnótica con experiencia en (supuestas) vidas pasadas ha demostrado un gran valor.

La regresión hipnótica ha sido eficaz en múltiples casos de sufrimiento moral, crisis de angustia, fobias y de neurosis grave que no hallaban una explicación aparente en esta existencia. La experiencia revivida de traumas de existencias anteriores se ha revelado fundamental y ha demostrado una gran eficacia a la hora de solucionar conflictos y síntomas que eran rebeldes a otras terapias más tradicionales desde un punto de vista académico.

Después de innumerables trabajos realizados por muchos investigadores, es muy difícil negar la existencia del fenómeno de la reencarnación. Aunque solo fuera una elaboración metafórica del inconsciente.

Ciertamente, la experiencia *es evidente, más no demostrable*. Esto nos recuerda lo que un sacerdote católico, el reverendo Jesús M. G., doctor en Teología, me dijo en cierta ocasión:

"Todas las religiones son evidentes, más ninguna es demostrable".

En la regresión hipnótica se acaba mezclando lo científico y lo espiritual, pero nadie está obligado a creer más que lo que le dicte su conciencia.

Sin embargo, creo que solamente está capacitado para hablar de esta experiencia psicológica quién la haya experimentado.

Por eso os animo, pacientes lectores de este blog, a participar en el II Taller: Hipnosis y Regresiones que impartiré la semana que viene.

Acudid libres de prejuicios. No os aventuraréis en formular explicaciones demasiado inmaduras y superficiales sobre la reencarnación y la regresión.

Yo os propongo práctica, reflexión y darle tiempo al tiempo.

Y también insisto en que lo importante de la regresión hipnótica es ver para qué nos sirve, qué utilidad práctica tiene o qué nos aporta la experiencia.

Este segundo taller se realiza a petición de muchos amigos/as que no pudieron acudir al anterior. Cumplo lo prometido y aquí nos veremos de nuevo, para compartir, explorar y evolucionar.

Acabo con una afirmación contundente de la que no tengo ninguna duda: en un futuro, la Psicología será transpersonal o simplemente, no será.

Mañana os dejaré un nuevo ejercicio práctico grabado de regresión hipnótica.

Hasta entonces.

::::: **31/VIII/2013** :::::

Ejercicio práctico de regresión. Nacimiento

Tal y como os anuncié ayer, os dejo un nuevo ejercicio práctico de regresión.

Un ejercicio como los que vamos a trabajar en el taller que impartiré este próximo fin de semana. Ésta es una inducción que se centra en el nacimiento. Probad y me contáis.

NOTA del EDITOR:

Puede acceder a ésta y otras inducciones grabadas de Horacio Ruiz en Ivoox.com, concretamente en esta dirección:

http://www.ivoox.com/podcast-podcast-Hipnosis-de-horacio-ruiz_sq_f161760_1. html.

Para abrir exclusivamente el audio citado en esta entrada:

http://www.ivoox.com/Hipnosis-regresion-nacimiento-horacio-ruiz-audios-mp3_ rf_2321356_1.html.

::::: **1/IX/2013** :::::

Seguimos

Estas II Jornadas de Hipnosis y Regresión a Vidas Pasadas que acabamos de realizar, por la expectación despertada y la asistencia que lo confirma, están destinadas a convertirse en 'un clásico' dentro de las actividades de verano en el mundo de la Hipnosis en España.

Y eso a pesar de los pesares, a pesar de la patológica obsesión de prohibir o impedir que se siga explorando esta extraordinaria herramienta terapéutica por parte de algunos perillanes académicos.

Las personas que compartimos estas experiencias lo estamos haciendo realidad. Ahí estaré yo, amigos, dispuesto a compartir con todos vosotros. Me enseñáis y os enseño y así, por imperativo superior de la consciencia, formamos un cuerpo y un alma dispuestos a seguir explorando sobre el significado y el sentido de nuestra existencia.

Los que no tengan esta inquietud, está bien, pero que nos dejen en paz a nosotros investigar y que quiten de sus atormentadas cabezas ideas inquisitoriales como aquella de sacar por decreto ley una normativa para prohibir que se pudiera practicar regresiones a vidas pasadas… o esa otra mantenida por algunos/as de que los que hacemos regresiones terminamos psicóticos, abducidos o en alguna secta.

Somos científicos… si es que serlo significa investigar y comprobar primero y hablar con conocimiento de causa después.

Un abrazo a todos los que estuvisteis este fin de semana y a los que aparecisteis en el taller anterior. Y a todos los que habéis querido venir y no habéis podido esta vez. Y a los que nos acompañasteis desde el recuerdo y el corazón.

Y en esos momentos de tribulación interior y cuando la dicha os sonría, recordad siempre:

"Vocatus atque non vocatus, Deus aderit".

::::: **11/IX/2013** :::::

Prudencia y seriedad

A raíz de una conversación en Facebook con una amiga, he vuelto a tener un viejo pensamiento sobre la Hipnosis y su uso en terapia. Me refiero a una reflexión sobre los usos de la Hipnosis y la cantidad enorme de prejuicios que la rodean.

¿De qué sirve realizar una buena inducción hipnótica si después la terapia se realiza de forma torpe?

Hace unos años, en unos curso de verano de la Universidad Nacional de Educación a Distancia (UNED), un profesor de Psicología de la Universidad de California, concretamente el mexicano Etzel Cardeña, explicó que algunas personas entran en un trance hipnótico tan profundo que tienen experiencias parecidas a las que tienen los chamanes con el peyote. Se refería a visiones de espíritus o salidas del cuerpo (viajes astrales…).

Tengo claro que nuestro cerebro segrega sus propias endorfinas y que no es necesario buscarlas fuera con drogas. A lo largo de mi experiencia con la Hipnosis he vivido situaciones parecidas a ésas. Esos estados alterados o trance se pueden conseguir con Hipnosis, aunque reconozco que no es algo muy frecuente ni que pueda ocurrirle a todo el mundo.

Es decir, el potencial de la Hipnosis es impresionante.

Sí, sin lugar a dudas. Pero ¿para qué lo usamos? Esos otros mundos, dimensiones o estados de la consciencia a los que podemos acceder con el trance hipnótico no se pueden tomar como un juego.

Cuando estoy trabajando con en mi gabinete siempre procuro saber lo máximo posible respecto de qué le gusta a la persona que tengo delante, qué le inspira ilusión o confianza, sobre qué quiere conseguir. Cuando llegas a saber qué le motiva, en quién o en qué deposita su admiración, dónde ubica el principio de autoridad, todo es muchísimo más sencillo.

Hipnosis, sí. En terapia, por supuesto.

Pero con prudencia y seriedad.

::::: 19/IX/2013 :::::

Ejercicio práctico. Las partes que nos constituyen

Un ejercicio práctico de Hipnosis para reencontrarnos con todas las partes que nos constituyen.

Las partes optimistas, las pesimistas, las que nos acomplejan, la que nos impulsen… Hay que conocerlas todas y saber conectar con la que mejor nos ayude en nuestros objetivos. Todas nuestras partes son útiles. En cada momento se requiere un estado de consciencia adecuado.

NOTA del EDITOR:

Puede acceder a ésta y otras inducciones grabadas de Horacio Ruiz en Ivoox.com, concretamente en esta dirección:

http://www.ivoox.com/podcast-podcast-Hipnosis-de-horacio-ruiz_sq_f161760_1. html.

Para abrir exclusivamente el audio citado en esta entrada:

http://www.ivoox.com/Hipnosis-las-partes-te-constituyen-horacio-ruiz-audios-mp3_rf_2380761_1.html.

::::: 23/IX/2013 :::::

Curso Profesional de Hipnosis

Muchos ya sabréis que en breves fechas voy a impartir mi Curso Profesional de Hipnosis y Patrones de Cambio en PNL. Será a partir del 19 de octubre en Madrid y a partir del 9 de noviembre en Barcelona.

Me vais a permitir que os explique algunas cosas de este curso, porque creo que es una herramienta fantástica para todos aquellos que pretendáis profundizar en el conocimiento y uso de la Hipnosis en terapia.

¿A quién va dirigido?

El curso está dirigido a toda persona que desee aprender a cambiar sus estados de conciencia y a desarrollar habilidades en el dominio de los procesos inconscientes. Con esta formación adquirirá nuevas competencias para utilizar como complemento en su práctica profesional o para inducir los cambios necesarios en su vida que le permitan potenciar sus propias capacidades.

Por lo tanto se desarrolla en dos áreas:

- Personal, autoayuda y autoconocimiento.
- Profesional, herramienta para abordar como solucionar problemas y conflictos que demanda el cliente.

¿Qué se enseña y qué aprenderá el alumno?

Modelados de la estructura mental: lo que pensamos, sentimos y lo que hacemos.

El ser humano, todos nosotros, construimos nuestra comprensión del mundo o elaboramos un mapa del mismo, basándonos en nuestra experiencia.

Todo aquello que aprendemos desde la infancia va estructurando una forma de percibir, de entender y de responder ante el mundo. Continuamos percibiendo y creando (y también cambiando) esta comprensión y forma de proceder a lo largo de nuestras vidas.

Desde esta perspectiva evidenciamos un comportamiento programado desde la infancia. Es el llamado *"guión"* de vida, a través del cual se programan valores, formas de pensar y sentir, se inculcan ideologías sociales o religiosas, se transmiten creencias y como consecuencia de todo ello nosotros creamos nuestro propio *"modelo"* del mundo.

¿Qué se entiende entonces como *"modelo del mundo"*? Lo entendemos como una *"representación dinámica y estructurada de nuestro mundo"*. Así es que, *"según piensa, así el hombre es"*.

La consecuencia es que el individuo, tú, yo, él… no respondemos al mundo y a las circunstancias tal como el mundo es, respondemos según hemos construido nuestro sentido de él. Es el llamado *"mapa"* la representación mental que nos hacemos del exterior. Respondemos y actuamos tal como nosotros hemos significado que es. Se responde desde el *"archivo de la memoria"*, respondemos a las experiencias nuevas basándonos en experiencias almacenadas, en lo que creemos que ya sabemos.

Un animal responderá en función de la naturaleza de sus instintos. Un ser humano necesita aprender cómo responder según el contexto en que se desenvuelva, lugar y situaciones en que se vea envuelto.

La clave está en los distintos niveles de conciencia por los que pasa el ser humano a lo largo del día. Unos estados de conciencia son más apropiados que otros.

Según la tarea que estemos realizando, o según el proyecto que persigamos alcanzar, en función de la meta final como proyecto de futuro o como sistema de realización profesional o personal, así debería ser el estado de conciencia que estemos utilizando en ese momento.

Hay estados facilitadores y otros limitadores de actuaciones y resultados. Esta es la clave.

El curso, la metodología enseñada es un aprendizaje, la construcción de un modelo, es un proceso que enseña cómo modelar respuestas adecuadas y eficaces para el logro de objetivos específicos en el área y contexto apropiado.

El modelado tiene un *"patrón"* adaptable y flexible para el logro del objetivo inicial. Todo lo que hacemos tiene una determinada estructura. Cuando una cosa no funciona, se explora y conoce. Y luego se cambia la estructura, y así se va creando otra más acorde con las necesidades del yo adulto actual.

Precisamente el *"patrón"* de la misma nos da las herramientas infalibles para cambiarla. El patrón es la clave también, si sirve para crear o generar una fobia, por ejemplo, sirve para crear lo contrario y vernos libre de la misma.

El lugar y significado que antes ocupaba la fobia, ahora será ocupado por otra conducta y otro significado acorde al momento y en consonancia con el yo adulto actual.

El cerebro aprende rápido y bien. Lo malo es que igual puede aprender cosas buenas y positivas, como malas y negativas. Si ha aprendido a crear algo tan complejo como una respuesta fóbica por ejemplo, puede crear seguridad y confianza en uno mismo y en las acciones que ejecutemos.

De tal manera que el abordaje en Hipnosis y PNL se construye poco a poco como un verdadero aprendizaje, un modelado pedagógico y constructivo de nuevos hábitos creativos y optimizadores de habilidades, una herramienta amplificadora de recursos y potencialidades, y una nueva y más amplia visión del sentido y significado de nuestra vida y nuestro lugar en ella.

La metodología, las técnicas y los patrones hipnóticos enseñados en el curso, capacitan al terapeuta para ser creativo y saber adaptarse a las necesidades del cliente y así no tiene que forzar e imponer una técnica fija sobre ellos para producir el trance hipnótico. Seguimos modelando y estructurando las inducciones creativas de Milton Erickson. Así el aprendiz del curso, identifica patrones de éxito y los integra en su propio estilo de actuación cuando intenta hipnotizar al cliente.

Si el terapeuta comprende los patrones cuando está modelando cambios en el estado de conciencia, puede construir con facilidad nuevas formas de resolver fobias, miedos y demás conflictos presentados por su paciente. Erickson aconsejaba seguir esta línea terapéutica de acción:

"Desarrolla tu propia técnica. No intentes usar la técnica de otros. No intentes imitar mi voz o mi cadencia. Sólo descubre tu yo natural. Se trata del individuo respondiendo al individuo".

Quedáis invitados a descubrir vuestra creatividad y vuestras potencialidades de la mano del método más eficaz y eficiente: la Hipnosis y su complemento, la PNL.

::::: **28/IX/2013** :::::

Dolor crónico

He leído que más del 17% de los españoles sufren algún tipo de dolor crónico. Esto supone que más de 6 millones de personas lo padecen en nuestro país.

Los dolores crónicos tienen un diagnóstico complejo y un tratamiento que debe ser abordado desde múltiples disciplinas porque, no lo olvidemos, estos males acaban siendo una mezcla de factores físicos y emocionales.

De nuevo estamos ante el viejo binomio cuerpo-mente. Un camino en dos direcciones.

Por eso, también en este asunto, la Hipnosis tiene mucho que aportar.

El equipo del Dr. Fernando Martínez Pintor, Director del Instituto Universitario de Reumatología de Barcelona de Policlínica Barcelona, apuesta por técnicas como la relajación y la Hipnosis para mejorar el tratamiento del dolor crónico.

Este doctor recuerda que *"una de las ventajas de utilizar estas técnicas es que el propio paciente puede aprenderlas y realizarlas en situaciones de aumento del dolor, sin necesidad de contar con la ayuda de un profesional sanitario".*

Traigo a este blog el ejemplo del Dr. Martínez Pintor porque no puede estar más de acuerdo con su planteamiento.

Para ser honestos, debo reconocer que no es nueva la filosofía que nutre esta apuesta por unir en la terapia mente y cuerpo.

En la antigüedad los Rishis en la India mantuvieron una postura muy sencilla acerca de la relación cuerpo-mente. Estos maestros del yoga nos indican que todo surge de la mente. Desde este punto de vista, la mente proyecta al exterior el mundo como si fuera un proyector de cine. De esta manera nuestro organismo forma parte de la película, al igual que todo lo que se relaciona con él.

Lo más asombroso para estos maestros del yoga no era que fuéramos capaces de enfermar o mantener un cuerpo saludable, sino que no fuéramos capaces de ver cómo lo hacíamos. Ellos mantienen que si pudiéramos observarnos en silencio, veríamos eso y mucho más.

En fin, los ejemplos de estos planteamientos que relacionan cuerpo y mente son numerosísimos y aumentarían innecesariamente la extensión de esta entrada del blog.

Pero no me resisto a recordar lo que proponía Carl Gustav Jung, cuando afirmaba que en el inconsciente hay fuerzas que intentan curarnos, porque nuestro inconsciente es nuestro amigo, nos aconseja y orienta. El cofre profundo donde podemos hallar muchas soluciones.

Así que, amigos y amigas, también frente a las enfermedades crónicas, actuemos desde el inconsciente con un concepto único de mente-cuerpo.

Sí, como propone el Dr. Martínez Pintor, actuemos mediante Hipnosis.

::::: 8/X/2013 :::::

Ejercicio práctico. Diálogo con el propio cuerpo

En la entrada anterior os hablaba del dolor crónico y la utilidad de la Hipnosis en su tratamiento.

Os dejo ahora un ejercicio práctico en el que os propongo un diálogo con vuestro propio cuerpo. El dolor es un síntoma, una de las maneras en las que nuestro cuerpo nos habla. Hay que escucharle.

NOTA del EDITOR:
Puede acceder a ésta y otras inducciones grabadas de Horacio Ruiz en Ivoox.com, concretamente en esta dirección:
http://www.ivoox.com/podcast-podcast-Hipnosis-de-horacio-ruiz_sq_f161760_1. html.
Para abrir exclusivamente el audio citado en esta entrada:
http://www.ivoox.com/Hipnosis-explorando-cuerpo-horacio-ruiz-audios-mp3_ rf_2437968_1.html.

::::: 10/X/2013 :::::

Aerofobia

Hace tiempo tuve la ocasión de participar en un grupo de trabajo organizado para ayudar a la gente a combatir el miedo a volar en avión. Se trata de la fobia llamada aerofobia, muy relacionada con la acrofobia (miedo a las alturas).

El objetivo de este grupo era lograr que los afectados pudieran viajar con cierta tranquilidad o con total control y bienestar durante sus viajes. Allí estábamos un comandante de aviación, un psicólogo especializado en esta fobia tan común, un pasajero que había solucionado su problema y un profesional de la hipnoterapia, o sea, yo.

El comandante fue desglosando minuciosamente todos los mecanismos y maniobras que se hacen desde que se despega del aeropuerto hasta que se aterriza en otro. Por explicar, hasta nos detalló esos ruidos que ponen nerviosos a algunos pasajeros cuando se recogen o se extienden las ruedas.

El psicólogo desmenuzó teóricamente lo que la Psicología cognitiva-conductual sabe acerca de la fobia y como tratarla.

El antiguo fóbico explicó lo mal que lo pasaba cuando tenía que volar.

Y yo me limité a dirigir un ejercicio grupal de Hipnosis para reforzar sentimientos de autocontrol, seguridad y confianza. Me centré en las sensaciones durante el vuelo pero, sobre todo, durante el tiempo previo a volar, que es cuando la mente se dispara con pensamientos angustiosos y de pánico.

Porque es antes de despegar cuando la mente ya nos da por anticipado una buena ración de imágenes que provocan ansiedad y angustia por los malos augurios.

La mente es fantástica y poderosa, incluso en estos casos en los que nos sirve por anticipado una buena dosis de terror.

Para combatir esta fobia, una vez inducido el estado hipnótico, hay que trabajar técnicas de imaginación que modifiquen los pensamientos negativos.

Debemos utilizar la imaginación para visualizar el autocontrol y vernos resolviendo la situación, evitando con ello caer en la pérdida del control.

El objetivo es que la persona sea la protagonistas de su propia película visualizada en su imaginación. La visualización es muy útil como método para cambiar las creencias y los pensamientos relacionados con una situación de ansiedad y con una creencia de incapacidad, pues nos permite practicar lo que nos gustaría que ocurriera en la realidad.

Visualizar el día más feliz de nuestra vida, por ejemplo, recordando nítidamente los acontecimientos, qué pensábamos, cómo nos sentíamos, qué hacíamos, cómo actuaban los otros… y visualizarlo de la forma más clara, positiva y detalladamente posible.

El trabajo con al mente busca evocar con detalle experiencias donde teníamos el control, nos sentíamos seguros y capaces a la hora de afrontar alguna tarea difícil, que logramos resolver exitosamente.

Después, todos esos elementos de la experiencia se anclan convenientemente, para llevar al futuro esas sensaciones de poder y control.

Entrar desde la imaginación en el escenario o contexto de la fobia, respirar profunda y calmadamente, promover sensaciones y emociones de agrado, bienestar, con el cuerpo relajado y tranquilo…

Y con una imagen grata a los ojos de la mente en la que superamos la fobia.

La disociación en Hipnosis da buenos resultados sumada a la típica desensibilización sistemática.

Por lo general la terapia cognitiva-conductual en estado hipnótico es la mejor formula terapéutica para abordar esta fobia.

::::: 23/X/2013 :::::

¿Por qué funciona la visualización?

La eficacia de la visualización tiene sus claves neuronales.

Durante el desarrollo del embrión humano en el útero de la madre podemos comprobar por qué la vista es el sentido más importante en nuestras vidas.

Es la vista la que domina nuestra actividad consciente y nuestra imaginación.

Los ojos se desarrollan en el embrión a partir de brotes en el cerebro. Es decir, que los ojos son casi una parte del cerebro, mucho más que cualquier otro sentido. Son el vínculo más directo del cerebro con la realidad.

Asimismo, existen unos dos billones de células cerebrales dedicadas a dirigir los centros de la conciencia y del habla. Sin embargo, hay unos cien billones de células cerebrales dedicadas al inconsciente, a manejar pautas y formas, instintos y pulsiones, y a seguir la huella de la historia del individuo.

De este modo, por el propio desarrollo del cerebro humano y por la cantidad de células cerebrales, el inconsciente es más potente que la mente consciente y lo visual mucho más importante que lo referido a los otros sentidos.

Y ya tenemos la ecuación perfectamente montada: visualización a nivel inconsciente.

Esto demuestra por qué la visualización y el trance hipnótico operan en una zona que es más grande en alcance y más rica en recursos. Nos permite comprender que funcione tan bien para resolver problemas, recuperar recuerdos perdidos, sugerir alternativas creativas, etcétera.

La visualización es fundamentalmente una actividad del hemisferio cerebral derecho, intuitivo, emocional y no lineal. En el cerebro no existe diferencia entre una imagen de la realidad y una imagen visualizada. El fenómeno neurológico es exactamente el mismo.

Por eso, por si había dudas, reivindico una vez más el poder de la Hipnosis y la terapia basada en la visualización.

Herramientas poderosísimas y sanadoras.

::::: 1/XI/2013 :::::

El cerebro en Hipnosis

Cuando la persona está en trance hipnótico se produce una mayor emisión de Ondas Alpha y Theta (ver los estudios de Resonancia Magnética Funcional de Crawford). En este estado y con la producción de este tipo de ondas cerebrales en plena conciencia aprendemos a emplear su poderosa energía.

Dicho de otro modo, estamos en condiciones de aprovechar su potencial potencial para hacer una impresión más fuerte en las células cerebrales. Imaginemos los usos que podemos darle a este principio cuando lo que dejamos grabado en las células cerebrales planteamientos, formas de comportamiento, *"programas"* positivos.

Esto significa que, en estado de Hipnosis, una vez que la corteza cerebral ha sido inhibida y el pensamiento apaciguado, la información (relacionada con el Hipocampo) se graba más fuertemente y, tiempo después, la evocación de todo lo aprendido se realiza más fácilmente.

Se puede entrenar a una persona (o grupo de personas) para que desarrolle sus capacidades. Y estas capacidades se potenciarán cuando el sujeto aprenda a funcionar en esas ondas Alpha y Theta.

En el estado habitual, de vigilia, se hace que una persona piense sobre algún problema y trate de solucionarlo. Luego, al llevarla a un estado de trance hipnótico se verá que las posibles soluciones a ese mismo problema aparecen con mayor facilidad porque entra en juego un funcionamiento mental basado en las citadas ondas Alpha y Theta, con mayor protagonismo del hemisferio cerebral derecho, soporte anatomofisiológico del inconsciente… un cerebro más intuitivo, emocional, aleatorio, artístico, creativo, musical, femenino, simultáneo, sin limitación de tiempo.

En estado de trance, con la mente más concentrada y con mayor actividad de los funcionalismos del cerebro derecho, se tiene una mayor capacidad de percepción, una visión conceptual más holística e intuitiva. Se resuelve el problema con más rapidez y eficacia.

::::: 16/XI/2013 :::::

La lesión de Messi

No soy muy futbolero pero es imposible no enterarse de algunas noticias referidas a las grandes estrellas de este deporte. El bombardeo de los medios sobre estos asuntos es constante.

Así que me he enterado que la gran estrella del Fútbol Club Barcelona, Leo Messi, ha sufrido una rotura fibrilar de seis centímetros en el bíceps femoral de su pierna izquierda.

Los expertos han comentado que tardará en recuperarse en torno a un mes y medio.

A mí me dio por pensar en lo que cualquiera de nosotros tardaría en recuperarse de una lesión similar. Supongo que bastante más porque no tenemos el equipo médico que un club profesional de fútbol puede poner a disposición de alguien como Messi.

Los tratamientos de recuperación que estará recibiendo el argentino no están a nuestro alcance.

Pero también pensé (y por eso me decidí a escribir esta nueva entrada en el blog), que en ocasiones hay que hacer de la necesidad virtud.

Nosotros tenemos una Seguridad Social para toda la parte física de la recuperación… y la Hipnosis.

Un buen trabajo de la mente y sus potencialidades acelera la recuperación de cualquier lesión.

De nuevo, siempre, el poder de la mente.

::::: 23/XI/2013 :::::

El modelo holográfico del cerebro

Algunas investigaciones realizadas por los científicos dicen que, cuando se estudia cómo se siente la realidad, se almacenan los recuerdos o se visualiza una imagen, debe considerarse todo el campo eléctrico alrededor del cuerpo.

Dicen que la actividad eléctrica del cerebro, la médula espinal y la totalidad del sistema nervioso, establecen ondas eléctricas entrecruzadas formando pautas repetidas significativas, de líneas de ondas de interferencia que son únicas para cada individuo.

Las pautas se comparan con los hologramas, imágenes tridimensionales creadas por haces entrecruzados de rayos láser. Este modelo del funcionamiento del cerebro puede explicar los cambios increíblemente rápidos y espectaculares que algunas personas han creado en sus cuerpos solo a través de la visualización. Efecto que se potencia al máximo si el ejercicio de visualización se realiza cuando la persona esta en trance hipnótico.

Ciertamente, ello apoya las teorías orientales y occidentales sobre la existencia e importancia de los flujos de energía en el cuerpo.

Tenía razón Robert Burton cuando decía:

"Una mente serena lo cura todo".

::::: **30/XI/2013** :::::

Ejercicio práctico. Hipnosis con PNL

Cuando aplicamos las técnicas de PNL tomamos la iniciativa.

Tú decides por ti mismo/a cómo quieres reaccionar ante los acontecimientos de tu vida.

Tomas los sentimientos de seguridad experimentados en el pasado y los vinculas a una situación futura que quizá te pudiera angustiar de alguna manera.

Puedes repetir el proceso con cuantos acontecimientos futuros quieras, con tantos sentimientos distintos como desees.

Si en alguna ocasión, en algún momento, tuviste algún recurso, aunque fuera tan solo durante un minuto, lo tienes para siempre.

Podrás utilizar dicho recurso del modo que quieras, cuando quieras.

Ante cualquier situación, podrás decidir qué sentir y como responder. Podrás vivir tu vida con resolución.

Estas en posesión de todos los recursos internos que puedas desear o necesitar.

Realmente tu cerebro-ordenador, tu mente, tiene muchos y muy buenos programas para mejorar tu vida.

Aquí tienes un extenso ejercicio práctico para comprobarlo.

Es una grabación de casi una hora. Una de las más completas que he realizado hasta la fecha.

Espero que te sirva…

NOTA del EDITOR:

Puede acceder a ésta y otras inducciones grabadas de Horacio Ruiz en Ivoox.com, concretamente en esta dirección:

http://www.ivoox.com/podcast-podcast-Hipnosis-de-horacio-ruiz_sq_f161760_1.html.

Para abrir exclusivamente el audio citado en esta entrada:

*http://www.ivoox.com/Hipnosis-ejercicio-pnl-horacio-ruiz-audios-mp3_*

rf_2635119_1.html.

::::: 11/XII/2013 :::::

Once días antes de Navidad

En el inconsciente está la verdadera sabiduría y la intuición. En el inconsciente hay fuerzas que intentan curarnos, que nos avisan, que pueden acabar curándonos. El inconsciente es nuestro amigo, nuestro aliado.

De nada sirve que Jesús haya nacido hace más de dos mil años en Belén, si no nace en nuestro corazón también. Tu visión devendrá más clara solamente cuando mires dentro de tu corazón… Aquél que mira afuera, sueña. Quien mira en su interior, despierta.

C.G.Jung

No olvidemos que no nos iluminamos más fantaseando con figuras de luz, sino haciendo más presente nuestro lado oscuro, nuestra sombra.

El inconsciente no es algo malo por naturaleza, es también la fuente de bienestar. No sólo oscuridad no bestial y demoníaca, sino también luz espiritual y divina.

El inconsciente no tiene tiempo. No hay pasado ni futuro. No hay problemas acerca del Tiempo en él.

Parte de nuestra psique no está en el tiempo ni en el espacio. En el inconsciente todo es ahora, presente. Ayer ya pasó, no puedes cambiar ni un punto ni una coma de lo que hiciste, pensaste o dejaste de hacer.

Para el inconsciente no hay tampoco mañana, no existe, no sabes que te deparará. Ayer y mañana: son solo una ilusión. Tiempo y Espacio: otra ilusión.

El inconsciente está en el centro de ninguna parte, porque vive en ese tiempo que existe en todas partes y en ninguna. El inconsciente es amoral, atemporal.

¿Sabías que todo lo que rechazas de una persona es algo que no aceptas en ti mismo? ¿Sabías que todos los sentimientos de odio, rechazo, aversión que te pueda producir alguien tiene que ver con algo de ti mismo que no aceptas? Esto es lo que se denomina nuestra sombra. Según Jung, proyectamos en los demás lo que no estamos en la condición de aceptar en nosotros mismos. La sombra es el lado menos agradable y educado que ocultamos ante los demás. Nuestros miedos y pasiones más mezquinas, nuestros impulsos menos nobles.

"Siempre la vida nos presenta maravillosas oportunidades para trabajar con algún aspecto ciego de nuestra personalidad, y resulta que la mejor forma de contactar esa parte nuestra que los demás ven, pero que nosotros desconocemos, es analizando lo que proyectamos hacia afuera en forma de pensamientos, sentimientos adversos, negativos. Pensamientos tales como la maldad, el egoísmo, la envidia, el ansia

de dominio, de poder, la avidez por el dinero, los celos, la avaricia, la cursilería, holgazanería, presuntuosidad, pereza, indolencia, negligencia, la manipulación, la cobardía y muchos de nuestros miedos. Estos miedos se constituyen en emociones y sentimientos que no resultan fáciles reconocer como componentes de nuestra propia personalidad".

Resulta fácil adivinar con estas palabras que, si somos sinceros y no nos auto-engañamos a nosotros mismos, si dejamos de fantasear y de imaginarnos iluminados o seres superiores a los demás, si somos conscientes de que *"si el grano no muere la planta no nace"*, entonces… tal vez con un riguroso, creativo y apasionante trabajo interior, podemos encarar este próximo 2014 desde la perspectiva realista de que nadie, absolutamente nadie va a darnos nada.

Lo que obtengamos lo debemos ganar con nuestra propia labor, nuestro esfuerzo e inteligencia. Yo obtendré solo aquello que merezca y me esfuerce en ganar por mí mismo.

Nada quiero de la diosa fortuna, salvo el pago justo por mi trabajo, que procuraré desarrollar con honestidad y profesionalidad.

Sed felices, si podéis.

Vocatus atque non vocatus, Deus aderit

::::: **14/XII/2013** :::::

Reprogramación: consciente e inconsciente

En entradas anteriores de este blog he escrito sobre el concepto teórico de la mente-ordenador. Así que, del mismo modo que sustituimos o actualizamos un programa informático, se podría obtener cambios positivos con relativa facilidad en el funcionamiento cerebral.

Más exactamente, podríamos obtener mejoras inmediatas en el modo en que pensamos, sentimos, actuamos y nos relacionamos con el mundo; tanto el exterior (cosas, personas), como con nuestras interior (emociones, sentimientos y pensamientos).

Un nuevo programa hace que mejoremos y optimicemos los tres tipos básicos de relaciones que el ser humano mantiene:

1. Relación con su cuerpo físico: comida, higiene, cuidados…

2. Relación con los demás: familia, amigos, sociedad…

3. La relación más importante y que condiciona las dos anteriores: la relación consigo mismo, ésta es la relación más intima.

Conviene, por tanto, hacerse siempre tres preguntas:

• ¿Cómo te relacionas con tu cuerpo?

- ¿Cómo te interrelacionas con los otros?
- ¿Cómo te relacionas contigo mismo?

El ejemplo del ordenador como modelo del cerebro humano nos ayuda a comprender por qué cambiar una conducta o hábito, incluso cuando es perjudicial para la salud como el tabaco, nos resulta muchas veces tan difícil.

Por lo general, intentamos cambiar un hábito (dejar de fumar, beber o comer en exceso por ejemplo) a base de pura voluntad. Deseándolo y con una vaga esperanza de poder conseguirlo.

La mente consciente formula el propósito de adelgazar y cambiar de régimen alimenticio a partir del año nuevo después de los atracones de navidad.

Luego pasan los meses y no solo no adelgazamos, sino que engordamos más y mantenemos el mismo tipo de hábitos sedentarios. ¿Qué ha pasado? ¿Por qué no somos capaces de llevar a buen término un propósito que nos hacemos conscientemente y con toda seriedad en un momento dado?

De entrada diremos que simplemente es porque no hemos tenido en cuenta los intereses de la mente inconsciente.

¿Cómo interactúan tu consciente y tu inconsciente?

Ésta, la mente inconsciente, no ha sido informada del propósito de cambio de la mente consciente. Y como el inconsciente tiene más contenidos y de más peso que el consciente, al final hacemos y nos comportamos en función de los programas y demás funcionalismos almacenados en dicho inconsciente.

De nada sirve enfadarse o introducir una y otra vez las mismas antiguas instrucciones desde el consciente.

Si queremos un verdadero cambio positivo y saludable, debemos aprender a introducir nuevas instrucciones a nuestros programas, exactamente donde sean necesarias. En resumen: hay programas que no debemos cambiar, pero otros programas obsoletos sí deben ser cambiados.

Debemos analizar y aprender de nuestras resistencias al cambio: las actitudes y esquemas mentales, los hábitos adquiridos que seguimos manteniendo aunque nos perjudiquen.

::::: **4/I/2014** :::::

Trabajar con el dolor

En los últimos tiempos, a los profesionales clínicos dentro del campo de la Hipnosis les gusta dividir los métodos de inducción en dos categorías: por un lado la Hipnosis clásica o formal y, por otro, ese conjunto de métodos de inducción llamados ericksonianos o naturalistas.

Con el tiempo y la práctica el profesional de la Hipnosis terapéutica debe llegar a saber cuándo utilizar uno u otro de estos sistemas y cómo combinarlos para potenciar y amplificar los efectos de ambos.

En ocasiones el mismo problema que tratamos de solucionar (bien sea dolor, malestar o cualquier síntoma intenso) se puede convertir en el foco de atención que servirá para producir la Hipnosis.

A algunas personas operadas de cáncer les ocurre que el dolor, la angustia o la ansiedad que sufren les impiden completar una relajación clásica en base a la relajación. La angustia y el dolor contrae de tal manera su cuerpo o zona enferma que es muy difícil disociarlas para que se concentren en las imágenes que les son sugeridas.

Entonces es más efectivo trabajar desde ese dolor, desde esos sentimientos negativos.

El dolor puede visualizarse como un ente, una sustancia, un objeto con el que poder dialogar.

"¿Qué buscas en mí? ¿Para qué te manifiestas en mí? ¿Quién eres? ¿Cómo te llamas?".

Además de aprender de su propio dolor, el paciente logra poco a poco ir disociándose de él.

La mente es la fuerza que nos moldea y nos construye.

Cada vez que utilizamos la herramienta del pensamiento damos forma a nuestra realidad. Creamos mil alegrías o mil males.

::::: 11/I/2014 :::::

Reflexiones sobre sugestión e Hipnosis

La desviación (intencional) de la atención facilita el proceso sugestivo a través de la inducción hipnótica; y este fenómeno sugestivo explica la razón del éxito de muchas clases de terapias que quedan así hermanadas con la Hipnosis, aunque no se reconozca o simplemente no se tenga en cuenta.

Observemos un ejemplo típico que ocurre con relativa frecuencia en cualquier consulta clínica o de cualquier otro profesional. Se refiere al típico paciente angustiado y dolorido físicamente por alguna lesión o contractura muscular:

—Su problema está ubicado en la tercera vértebra cervical, de ahí le viene ese mareo y vértigo que…

Lo lógico es que la persona aquejada pregunte:

—Muy bien, ¿y qué va usted a hacer para quitarme el dolor y esos mareos?

El profesional suele contestar:

—Creo que va a necesitar usted diez sesiones intensivas de… para aliviar esos síntomas y…

La autoridad del profesional influye profundamente en la mente expectante del paciente y la sugestión está calando a fondo. Está ocurriendo un curioso fenómeno típico de la psique humana, muy conocido por cualquier experto en la Psicología: a esta explicación, no necesariamente justificada, se le está añadiendo un poquito de verdad, algo que suena lógico y toda la suposición del pronostico profesional queda aceptada.

Luego el clínico realiza las oportunas maniobras vertebrales, el doliente escucha y siente el *"crack"* o la entrada de la vértebra en su lugar y queda evidente que se ha realizado una acción perfectamente comprobada.

¿Dónde queda la desviación de la atención, fenómeno inseparable de las maniobras sugestivas-hipnóticas? La atención de la mente ha quedado en esa sensación y sonido de la entrada de la vértebra en el lugar apropiado, añadiendo el alivio del doliente al saber (o creer, sugestión…) que la curación y alivio del dolor ha comenzado.

Es curioso comprobar con la práctica terapéutica que una persona con algún problema, dolor, trauma, fobia… tiene o desarrolla una actitud mental-sugestiva positiva y de confianza, con respecto a alguna técnica particular de proceso terapéutico, es decir, cree firmemente capaz de curarle, es ayudado enormemente, no tanto por la forma terapéutica en sí misma, sino por convicción interna, en otras palabras, la fe profunda de que será curado.

Si este paciente ha sido enviado o recomendado por otra persona que ha sido tratada con igual técnica y por el mismo profesional, y con evidente éxito, el resultado es mejor incluso, el éxito está asegurado.

Aquí observamos que la desviación de la atención cumple una función bajo la forma de una especie de factor placebo (efecto sugestivo), en otras palabras: produce la actitud mental favorable apropiada y tan esencial para el mejoramiento y curación del doliente que ve recompensada su expectativa inicial de ser sanado.

Todo esto nos lleva a una conclusión evidente para todo profesional de la terapia: el ingrediente más importante de la sugestionabilidad hipnótica es confiar en la ayuda de alguien que se haya en una posición de prestigio, alguien que sea conocido por su seriedad y profesionalidad, todo lo cual influye poderosamente (poder de la sugestión) en el resultado exitoso.

¿Hay o existe algún secreto en todo esto? Sí… si el paciente está convencido y tiene confianza en las palabras alentadoras del profesional en quien confía, si realmente cree en ello, esta persona se comporta de otra manera antes, durante y después de la curación. Simplemente se comporta de otra manera porque piensa y cree de otra manera. Según piensa, así la persona es y se comporta. Según pensamos, sentimos y por consiguiente actuamos.

Aquí se está trabajando directamente en el cambio de la propia autoimagen. Desde tiempo inmemorial, cualquier sistema curativo y de sanación, por sugestión y/o por Hipnosis (cualquier sistema antiguo o moderno, desde la curación por la fe, apariciones marianas, chamanismo, magnetismo, rituales tribales...) ha estado y está sustentada en este mecanismo.

Evidentemente la experiencia demuestra que existe una elevada sugestionabilidad, ésta a su vez es catalizada por la imaginación (esencialmente funcionalismos del hemisferio cerebral derecho) de tal manera podemos colegir que la respuesta hipnótica pertenece al fenómeno de la convicción. Es decir, se debe a mecanismos subjetivos presentes inherentemente, en cierta proporción, a todos los individuos.

Milton Erickson ya indicaba con toda claridad:

"Toda persona tiene dentro de sí a nivel de su mente inconsciente, potencialmente, todos los recursos que necesita para modificar la experiencia y el logro de sus objetivos".

Recordemos oportunamente también al Dr. William Kroger, otro gran maestro clínico de la Hipnosis:

"Aun a riesgo de una excesiva simplificación sobre el poder de la Hipnosis, podemos afirmar que la convicción de hallarse enfermo conduce a la enfermedad y que la convicción de la curación lleva a la curación".

La clave está entonces en el uso correcto y bien dirigido de la mente y sus funcionalismos, sobre todo el nivel inconsciente donde, según la sabiduría Zen, reside la verdadera sabiduría y la intuición. ¿Qué más podemos pedir?

Así pues, nos encontramos una vez más ante un apasionante reto: explorar la mente y su nivel inconsciente con sus habilidades potenciales y conocimientos a través de un método eficiente y eficaz la Hipnosis y su complemento magistral: la Programación Neuro-Lingüística (PNL).

::::: **20/I/2014** :::::

Resistencias en la terapia

Cada vez que alguien pretende llevar a cabo un viaje, un proyecto o tarea, sea ésta de tipo social, laboral o cambio de hábitos o conductas, debe tener en cuenta que en algún momento del proceso encontrará alguna dificultad, alguna resistencia.

De acuerdo a la teoría psicoanalítica de Sigmund Freud, la llamada resistencia es algo que debe suceder siempre en todo proceso terapéutico. Es algo que pertenece a las defensas que inconscientemente el individuo levanta como un mecanismo protector ante la situación provocadora de ansiedad y culpabilidad.

Toda resistencia, hábito o conducta, por negativa y hasta perjudicial que resulte, incluso dañina para la salud, tiene una parte responsable de tal conducta o hábito cuya intencionalidad es siempre positiva para nosotros. Intenta curarnos, sanarnos, protegernos de algo, que no corramos riesgos, protegernos.

Coloquialmente diríamos que *"puede equivocarse en la forma más no en el fondo"*.

Este es un aspecto importante a explorar cuando surge en el proceso terapéutico. Se puede trabajar directamente o indirectamente tal y como la Escuela Ericksoniana lo hace.

Métodos indirectos cuentan con el uso de las metáforas apropiadas, sugestiones dirigidas a sortear o superar esas resistencias, técnicas de confusión, etcétera. Y de manera directa se debe proporcionar un programa de técnicas para entrenarse en autohipnosis.

Debemos estar preparados para esas resistencias. Vendrán seguro.

La desmitificación de lo que es verdaderamente la Hipnosis puede ayudar a prepararnos y a superarlas, a utilizarlas como ayuda en el proceso que seguimos.

El objetivo es que lo que pueda ser una barrera se transforme en una parte que colabora.

Muy relacionado con todo esto, os dejo aquí debajo una inducción.

::::: **25/I/2014** :::::

Hipnosis, trance y cerebro

Generalmente se suele definir la Hipnosis como un trance directamente inducido por el hipnotizador y a través del cual la persona hipnotizada disminuye, en mayor o menor grado, su capacidad crítica. Se reduce la actividad de la mente consciente y lógica, de tal manera que se hace más dominante la mente inconsciente.

En muchos casos, esto supone que la persona se vuelve más creativa e intuitiva y que sus capacidades imaginativas aumentan. Esto ocurre al estar su capacidad lógica y racional más inhibida o minimizada.

También son muchos los investigadores que plantean el estado hipnótico desde el punto de vista fisiológico, como una inhibición del hemisferio cerebral izquierdo, de tal manera que se activa o potencia más acusadamente la actividad del derecho. ¿Cómo actúa la Hipnosis sobre el cerebro? Algunas investigaciones parecen aportar abundante información acerca de la corteza pre-frontal, que es el área del cerebro relacionada con la mente racional y por consiguiente con la personalidad humana. Esta zona está situada tras los ojos y cumple una función ejecutiva con relación a las emociones y sentimientos. Integra información e inhibe los impulsos emocionales que provienen del sistema límbico. (Ver Helem Crawford, Universidad de Virginia

USA y sus estudios sobre la Hipnosis, Resonancia Magnética Funcional). Con la metodología hipnótica funcionamos activando elementos para distraer al córtex cerebral, esencialmente el pensamiento racional, activando funciones más dependientes del hemisferio derecho y accediendo directamente al sistema límbico.

El resultado de esta acción mental es: permitir abrir y desahogar emociones reprimidas y no manifestadas, represiones emocionales y contenidos mentales causa de miedos, conflictos y traumas que necesitan la debida abreacción emocional... con esta salida de lo reprimido, el individuo se permite un equilibrio de su estado emocional y mental, cambia la percepción de su estado-problema, aumenta su gozo y optimismo, genera un pensamiento más optimista y esperanzador hacia el logro de su objetivo o proyecto de futuro (terapia orientada psicodinámicamente, hipnoanálisis).

Según el Dr. C. George Boeree, del Departamento de Psicología de la Universidad de Shippensburg (Pensilvania, Estados Unidos):

"La emoción implica al sistema nervioso por completo. Pero hay dos partes del sistema nervioso que son especialmente importantes: El sistema límbico y el sistema nervioso autónomo. El sistema límbico es un complejo conjunto de estructuras que se hallan por encima y alrededor del tálamo, y justo bajo la corteza. Incluye el hipotálamo, el hipocampo, la amígdala, y muchas otras áreas cercanas. Parece ser el principal responsable de nuestra vida emocional, y tiene mucho que ver con la formación de memorias".

Por lo tanto, la mente analítica y racional se inhibe de sus funcionalismos y el sujeto hipnotizado se muestra más creativo y aumenta su capacidad de sugestionabilidad. Según lo define Kroger, el proceso lingüístico, las palabras, el verbo, dentro de este proceso se asimilan o interpretan casi literalmente. No hay tanta racionalidad, el juicio crítico analítico se inhibe, y esto permite que la sugestionabilidad (nivel inconsciente) se active dirigido al proceso terapéutico. Esto explicaría el uso de las metáforas, símbolos, imágenes dirigidas y otras creaciones mentales (sugestión) que será aceptado por el cerebro.

Tengamos presente que en estos niveles subcorticales; el cerebro no distingue la realidad de algo imaginado en sus más mínimos detalles. Las respuestas fisiológicas, sistema nervioso, glandular, sensaciones (memoria celular) el organismo en parte, o en su totalidad, responderá ante las imágenes proyectadas o recordadas, como si la experiencia estuviera ocurriendo realmente (sugestiones). Tanto si es algo positivo del pasado, como si es algo que imaginamos como si ya estuviera ocurriendo. El cerebro tiene la particularidad de grabar (almacenar) las experiencias en sí, así como las emociones, sensaciones y sentimientos que acompañan a dicha experiencia. Más tarde, al recordar o evocar dichas experiencias, esos recuerdos traen de nuevo al presente los contenidos de los mismos (memoria celular) emociones, sentimientos, tristeza, alegría, dolor, etc. Es por eso que algo del pasado, de la niñez por ejemplo nos sigue afectando positiva o negativamente veinte o treinta años después. En estado hipnótico combinado con PNL se puede contrarrestar fácilmente los pensamientos negativos y catastrofistas anticipatorios.

Durante el trance se pueden dar varios fenómenos sugestivos, regresión, a la niñez, al útero materno (proceso intrauterino) a vidas pasadas (supuestas), amnesia parcial, cambios ideo-motores o ideo-sensoriales (analgesia, levitación, catalepsia ocular, o de todo el cuerpo), y el no menos curioso fenómeno de las alucinaciones; visuales, auditivas, táctiles, gustativas y olfativas (dicho está: el cerebro no distingue la cebolla real que le ponemos al hipnotizado en la mano para que la coma, de la jugosa y dulce fruta que le sugestionamos que muerda y saboree…) a la vista y al sentido del gusto le engañamos.

Este manejo psicofisiológico de las posibilidades cerebrales confieren un valor inestimable a los procesos psicoterapéuticos con el auxilio del trance, estado o técnica hipnótica. El cerebro responde fisiológicamente, jugos salivares, gástricos, sabor, etc., no con lo que realmente y físicamente tiene, sino con las respuestas que emergen de su memoria celular. Este aspecto es tan importante, tan extraordinario en su complejidad neurológica, que ha dado pie a la investigación de la moderna psiconeuroinmunología para ser utilizados estos procesos sugestivos-fisiológicos en el tratamiento enfermedades graves, cáncer, cirugía, etcétera (Bernie Siegel, Carl Simonton…).

::::: 4/II/2014 :::::

Haz aquello que ames…

Son momentos duros para mucha gente. Y quiero hablar de esperanza.

Os traigo a este blog unas palabras que suelo utilizar cuando realizo terapia:

"Tienes más de 15.000 millones de células cerebrales que centellean a lo largo de una red de conexiones equivalentes a las de mil ciudades. Tienes más de 300 millones de alvéolos pulmonares que proveen de oxígeno a los más de 100 billones de células de tu cuerpo. Piensa en tus músculos, tu aparto locomotor, el aparato cardiovascular, tu cerebro, tu mente con sus infinitas potencialidades de pensar, discernir, imaginar, soñar, amar, proyectar, cambiar y modificar conductas y patrones de comportamiento que ya no tiene sentido mantener.

Tú tienes y constituyes el sistema con más diversidad de capacidades entre todas las criaturas del universo conocido.

Ahora, en esa visión de conjunto, igual que la visión cósmica de los astronautas contemplando desde el espacio la Tierra, forma una imagen única y grata a los ojos de tu mente.

Puedes contemplar tu sistema nervioso como un sistema de potencialidades y habilidades sin igual. Cuando estés proyectando tu estado deseado y dudes, deja que surja ante ti esta imagen global de tu propio universo interior y volverá la confianza y el compromiso de tu proyecto.

La duda se volverá certeza y confianza.

Haz aquello que ames...”

::::: 15/II/2014 :::::

Sobre el dominio de las emociones

Cuando cualquiera de nosotros/as trabajamos la autohipnosis surgirán sin duda las emociones que nos definen. Cuando aparece una emoción, debe ser aceptada y observada como parte del ser que somos y no reprimida o negada como si fuera ajena o externa a nosotros mismos/as.

De esta manera, la emoción también pasa a ser parte incluida dentro del acto unificado de ser, a través de su aceptación y observación. Cuando aparezca una emoción, ésta debe ser aceptada como tal y observada con la misma serenidad y desapego con los que se observa la respiración o las sensaciones corporales.

La emoción, al igual que el pensamiento, se desarrolla a través de un proceso de nacimiento, mantenimiento y muerte. Este proceso se debe observar sin identificarse con él, puesto que debemos descubrir qué hay en el fondo de eso, de dónde surge ese pensamiento o emoción, quién o qué lo genera...

Observar serenamente, sin identificarnos. Sólo observar, mirar atentos, observar. Es recomendable, cuando aparezca una emoción, realizar un recorrido corporal poniendo atención a los componentes de sensaciones que se asocian con la emoción. Una vez hecho este recorrido, se aconseja volver a observar la emoción tal cual, sin omitir sus componentes. Se puede repetir la observación de la emoción en sí y de sus componentes, varias veces, hasta lograr una observación imparcial: sin perder la conciencia de sí mismo y sin identificarse con los componentes de la emoción.

Esto no quiere decir que se recomiende no sentir emociones. Todo lo contrario. La vida emocional sana implica una gran intensidad creativa y riqueza emocionales. Las emociones son parte nuestra y, como tales, deben ser aceptadas y amadas.

Lo que debe evitarse es caer en dependencia emocional o estar bajo el control de nuestras propias emociones negativas.

Uno debe ser dueño de uno mismo/a, en todos y cada uno de sus niveles, cualidades y proceso interior.

::::: 22/II/2014 :::::

Mi compromiso

Hace no mucho tiempo me realizaron una entrevista online en Canarias7.es, en la que fui respondiendo en tiempo real a las preguntas que directamente me iban formulando los lectores de este medio de comunicación.

Ahora, al repasarla, me he dado cuenta de que es un excelente repaso a las preguntas más importantes que cualquiera se puede hacer en torno a la Hipnosis y su uso en terapia.

Así que os la transcribo, a modo de breve formulario básico sobre la hipnoterapia.

Pregunta: ¿Es posible por medio de Hipnosis, por ejemplo, quitar la manía de morderme las uñas? (Ricardo)

Respuesta: Sí. He tratado todo tipo de tics nerviosos, como morderse las uñas, e incluso una vez traté a uno que se rascaba tanto la oreja que la tenía totalmente enrojecida. Hay manías muy raras y todas se pueden tratar.

P: Mi pregunta es: ¿está la Hipnosis relacionada de alguna manera con el momento justo antes de dormirnos? Yo he experimentado con ese momento, tratando de pensar en hechos pasados justo antes de dormirme, y los recuerdos son más claros, con más detalles que cuando trato de recordarlos durante el día. (Osvaldo)

R: Exactamente, lo has definido perfectamente. Es un estado de trance, hay un descenso de la actividad del cerebro y es un verdadero trance.

P: ¿Es efectiva para hacer dieta? (Juan Ortiz)

R: Se sabe estadísticamente que cuando una persona que se pone en manos de un dietista, si tiene el refuerzo de la Hipnosis, el porcentaje de éxito es del 90%.

P: ¿Es cierto que se puede acabar con la adicción a la nicotina con la Hipnosis? Si así fuera, ¿bastaría con una sola sesión? ¿Valdría también para situaciones de depresión o ansiedad? Gracias (Nicolás)

R: Son cosas distintas, los componentes psicológicos son diferentes. La depresión puede ser endógena o exógena y la Hipnosis funciona muy bien. En cuanto al tabaco, puede valer con una sesión o con 20 porque las personas no lo quieren dejar. Hace falta que la gente lo quiera.

P: ¿Se pueden curar los dolores de cabeza que padezco casi todos los días? (Fernando)

R: Primero, consulte con su médico porque puede haber algún tipo de alteración. Segundo, con la Hipnosis, puede recibir ayuda. Por ejemplo, en la clínica Puerta de Hierro en Madrid, la Unidad Paliativa del Dolor trabaja con Hipnosis.

P: Buenos días. Mi pregunta es si el día de la conferencia en Telde va a hablar sobre el tema de las regresiones a vidas pasadas a través de la Hipnosis (Antonio Morales)

R: En las conferencias, si alguien me pregunta, pues sí. De no ser así, no lo trataré.

P: Se puede hacer el mismo trabajo de ayuda sobre uno mismo con autohipnosis o siempre se necesita la ayuda de un hipnotizador (Margarita Pérez)

R: Primero, alguien te tiene que enseñar... Es igual que con un profesor de autoescuela, primero te enseñan a conducir y ya luego conduces tú.

P: ¿Necesariamente se produce una catarsis en la fase hipnótica? ¿Esta catarsis es la cura definitiva? (Isidro Godoy)

R: Depende del problema, sin son traumas de la infancia, por ejemplo, pues sí. Tiene un efecto liberador, pero lo tiene que hacer un profesional cualificado. No lo puede hacer cualquiera.

P: ¿Podría explicarme en qué se basa, qué es y en qué campos puede actuar la Hipnosis terapéutica? ¿Y en Las Palmas, dónde hay centros o profesionales a los que podamos acudir? (Manuel)

R: Todos los campos, donde hay un ser humano con una mente, un cerebro y unas emociones, ahí puede actuar la Hipnosis. En Las Palmas hay gente que la practica como Alicia García, que es una gran profesional de la Psicología.

P: Tengo mis dudas sobre la base científica de la Hipnosis... varios que se dedican a ello no me merecen confianza... y si hay criterios científicos demuéstreme alguno.... (Charrúa)

R: Primero, don Santiago Ramón y Cajal, premio Nobel de Medicina que trabajaba la Hipnosis con su mujer preparándola para el parto, por ejemplo. Segundo, Helen Crawford, de la Universidad de Virginia en EEUU, que lleva décadas trabajando los efectos de la Hipnosis sobre el cerebro. Tercero, estudios de meta análisis demostraron que todas las terapias cognitivas conductuales, sistémicas, psicodinámicas, etc... aumentan su eficacia y eficiencia en estado hipnótico. Las mejores universidades del mundo, incluidas algunas de España, tienen laboratorios dedicados a estudiar la Hipnosis como puede ser la Complutense de Madrid, la de Valencia, etc... Por cierto, me invitaron a la Universidad de Murcia a impartir un taller de Hipnosis como ya hice en Valencia y en la del País Vasco.

P: ¿Es posible dejar de fumar mediante la Hipnosis? Y si es así, ¿hay alguien en Las Palmas que lo haga? Gracias (Patricia Ramírez)

R: Cuando estoy yo, pues yo... y cuando no, Alicia García. Estos son los datos que yo conozco. Sólo funciona si la persona realmente quiere.

P: Estimado Horacio Ruiz: ¿Alguien podría ser hipnotizado en contra de su voluntad por un hipnotizador muy hábil? Muchas gracias (Daniel García)

R: Sí, todos los políticos nos hipnotizan... Pero nunca en contra de nuestra voluntad.

P: ¿La sesión de Hipnosis tiene algunos efectos secundarios o negativos sobre el paciente o cliente? ¿Cuáles? (Paqui Rodríguez)

R: No, jamás. Nunca se ha descubierto ningún efecto negativo. Lo peor que le puede pasar al paciente es que no le produzca ningún efecto.

P: Me gustaría saber si es efectivo en casos de ansiedad. Yo padezco fobia social (no invalidante, ya que trabajo y hago una vida normal) pero sí noto que me limita mucho y se pasa muy mal. (Cristóbal)

R: La Hipnosis trabaja mucho en este tipo de problemas con un resultado francamente bueno.

P: Padezco neurosis fóbica y fobia a los temporales. Necesito ayuda, cada día estoy peor, Gracias. (Elías Sánchez)

R: He tratado casos y requiere un tiempo, pero ayuda muchísimo. Depende siempre de las características de cada paciente, pero es efectivo y tiene resultados garantizados.

P: Mi problema es que cuando me pongo nerviosa la voz me tiembla y casi pierdo el habla, si es mucho lo que hablo. He tomado hasta tranquilizantes, pero no me hace ningún tipo de efecto que me recomienda. (Pablo)

R: He tratado con tenores que se quedaban sin voz y con resultados excelentes.

P: Es cierto que ustedes pueden curar la depresión, al menos detectar la raíz más rápido y mejor que los psiquiatras. Es pura curiosidad. Gracias (Yolicuentados)

R: Lo correcto es que lo hacemos como complemento. He trabajado con psiquiatras como el doctor Jiménez del Oso y la Hipnosis es un coadyuvante perfecto.

P: Siempre me ha interesado la Hipnosis. ¿Me podría decir dónde se estudia? Gracias. (marcos)

R: Yo la enseño, los días 14 y 15 voy a impartir un taller de autohipnosis en Las Palmas de Gran Canaria y de octubre a diciembre, un curso completo que se llamará Curso de Hipnoterapia y Programación Neurolingüística (PNL) para la salud y desarrollo personal.

P: ¿Es verdad que con Hipnosis se anulan el miedo a volar y los vértigos de altura? (Andrea)

R: Esos casos los he tratado con mucha gente y sobre todo en las Islas y he tenido un éxito total.

P: ¿Es posible curar los celos mediante Hipnosis. (Manuel)

R: Sí, porque indica inseguridad y falta de confianza. Si por medio de la Hipnosis se le refuerzan esos valores, son muy efectivos. Es un trabajo muy complejo, pero se obtienen buenos resultados.

P: Doctor, tengo una hija mayor de edad que aún cuando quiere quedarse dormida sin darse cuenta se mete los dedos en la boca, hemos intentado de todo pero es frustrante para ellas y nosotros. ¿Cómo puedo ayudarla? ¿La Hipnosis la ayudaría?

Muchas gracias (Nereyda)

R: Primero, debo dejar claro que no soy médico, soy hipnoterapeuta formado en Hipnosis Ericksoniana y Patrones de Cambio DBM por la Universidad de Valencia. Segundo, con la Hipnosis se obtienen muy buenos resultados pero todo depende de cada caso, que hay que estudiarlo detenidamente.

P: Aparte del tabaquismo, ¿pueden tratarse los comportamientos compulsivos alimenticios con la Hipnosis? Gracias por su atención. (Carlos Hernández)

R: La obesidad, pérdida de peso… estas patologías con dietas equilibradas son muy positivas.

P: Buenos días ¿qué posibles efectos adversos hay en la Hipnosis? y ¿todo el mundo puede someterse a terapia con Hipnosis? Gracias (Jasmina)

R: No, personas que tengan alguna alteración como esquizofrenia, demencia senil, síndrome de down, epilécticos… no pueden salvo que el hipnotizador sea un profesional de la salud que sabrá lo que tiene que hacer.

P: ¿Se puede utilizar la Hipnosis para quitar la ansiedad? (Susana)

R: Sí, por supuesto. Se puede reducir porque siempre hay un nivel de ansiedad en la vida.

P: Buenos días, mi pregunta era para saber si habría alguna solución para un pitido en el oído que lleva mucho tiempo amargándome. Gracias. (Miguel)

R: He tratado casos y son bastante curiosos. Se puede intentar y conseguir resultados. Aunque lo primero sería descartar una causa física.

P: Hola, quisiera saber si su profesión me podría ayudar a tener una mejor relación con mi entorno familiar y laboral y si puede ayudarme a recordar y poder solucionar una situación grave, que creo viví y no fui plenamente consciente de lo que era, pero que a día de hoy estoy teniendo problemas que me inducen a pensar en aquella forma de reaccionar y olvidarla. Por favor quisiera saber una forma de contacto para poder hablarle de ello, reciba un saludo cordial. (Carlos Romero)

R: Puede visitar mi página web www.horacioruiz.es, mi blog hipnosisenterapia. com, o mandarme un correo electrónico a info@horacioruiz.es. Si quiere puede llamar al 639 36 88 70. Muchas gracias y estaré encantado de atenderle.

P: ¿Puede ayudar la Hipnosis a superar el trauma causado por no haber aprobado una oposición para el ingreso en la Administración Pública, tras años de esfuerzo? El evento se produjo hace más de quince años y todavía arrastro las secuelas. (Andrea S.)

R: La Hipnosis está especializada en componentes traumáticos, aspectos del pasado… en todas estos casos funciona muy bien. Se sobreentiende que es un trabajo que lleva su tiempo y pasa por diversas fases.

P: He leído varios libros de Brian Weiss, no sé qué opinión le merece este profesional en la materia… ¿Es siempre efectiva al 100% la sanación terapéutica por Hipnosis? ¿Es cierto que también existe cura emocional para el entorno del paciente (familiares)? Gracias (María Jesús)

R: Brian Weiss es un gran profesional que ha tenido valor de enfrentarse al estamento científico y hablar de estos temas que sus colegas, por miedo, no lo han hecho. La sanación terapéutica no es efectiva al 100%. Se puede trabajar con el entorno del paciente perfectamente.

P: Tengo 60 años y llevo quince años soñando con temas sobre mi pasado y en cualquier etapa de vida, son auténticas pesadillas en las que vivo situaciones reales o de ficción, y al despertarme me acuerdo, sobre todo, de las personas que aparecían en los sueños, desestabilizándome emocionalmente y causándome gran malestar, además de sentirme cansado y con sueño. Mi pregunta es, ¿la Hipnosis como terapia, puede eliminar de mi mente o mitigar mis pesadillas? Gracias. (Antonio Ferreira)

R: Ese proceso también está muy experimentado por la Hipnosis y aunque requiere su tiempo, se suele obtener resultados extraordinarios.

P: Buenos días, ¿es útil la hipnterapia para tratar casos de ansiedad derivados en fobias? ¿Tiene algún efecto secundario negativo? Gracias por su respuesta. (Adela)

R: Es muy frecuente utilizar la Hipnosis en estas patologías y no tienen ningún tipo de efecto secundario.

Muchas gracias a todos, les agradezco su participación y espero que nos hayamos enriquecido mutuamente. Un abrazo.

::::: **25/II/2014** :::::

El paciente activo

En mi experiencia profesional de terapia con Hipnosis he podido comprobar cómo surgen desde la mente inconsciente respuestas, habilidades o conocimientos que, aparentemente, estaban fuera del control y conocimiento de la mente consciente.

Esto en terapia tiene un valor inestimable y el terapeuta debe manejarlo con habilidad y presteza para extraerle todo su potencial.

En Psicología profunda (psicodinámica) se enseña que, por lo general, existe una parte olvidada que es el origen o causa respecto de los problemas psicológicos y hasta somáticos que aquejan el presente adulto de la persona que demanda ayuda.

En esa fuente original del problema estaría la respuesta de la neurosis, en lo reprimido y no aceptado por el consciente. También se suele definir la neurosis como el fraccionamiento de la conciencia.

Por lo tanto, el terapeuta necesita ir recibiendo información de esa parte reprimida, lo que, a su vez, hace que el cliente aumente sus esperanzas al ver que tiene el control del proceso en sus manos, puesto que no es un simple objeto a merced de los planteamientos y directrices del profesional.

Es el mismo sujeto que sufre el problema el que ve que se le está capacitando para manejar su propio cerebro, el que ve que si dentro (a nivel inconsciente) tiene el problema, también dentro está la solución mediante la dirección o guía del terapeuta.

El cliente ya no es un sujeto pasivo, es activo y dinámico en la búsqueda de soluciones prácticas.

La idea central y básica es ver si podemos trabajar en psicoterapia simultáneamente con el consciente y con el inconsciente.

Como ocurre casi siempre, estos métodos son muy antiguos, siempre se han utilizado y nadie ha descubierto nada nuevo ni original.

Rituales y meditaciones místicas, danzas aborígenes, rituales e ingesta del peyote o la ayahuasca, (chamanes) ayunos prolongados y otro tipo de prácticas ascéticas de los yoghis persiguen precisamente esa disociación entre consciente e inconsciente para acceder a nuestros propios recursos, conocimientos, visiones y soluciones.

Aquí os dejo un ejercicio práctico muy relacionado con el trabajo de la mente inconsciente.

::::: 7/III/2014 :::::

Fundamentalmente terapia

Casi toda mi carrera profesional en el mundo de la Hipnoterapia ha sido (y sigue siendo) precisamente una defensa del uso terapéutico de la Hipnosis.

A través de mis libros, de mis cursos y talleres, así como de mi labor en el gabinete con mis pacientes, no me cansaré nunca de reivindicar que la Hipnosis es, fundamentalmente, TERAPIA.

No hagáis caso de los estereotipos, de los lugares comunes, del tratamiento que se hace del tema en los medios de comunicación, libros o películas.

El 80% de los casos en los que se trabaja con Hipnosis es para fines terapéuticos porque, entre otras muchas virtudes, se trata de una herramienta potentítisma que, además, es complementaria con cualquier sistema médico.

Cabe recordar en este punto un ejemplo (uno de tantos), del uso de la Hipnosis al margen del espectáculo, e incluso al margen de la terapia en un gabinete: el equipo de gimnasia rítmica que representó a España en las Olimpiadas de Barcelona 1992, realizó terapias con Hipnosis para lograr más concentración, confianza y rendimiento.

Está fuera de toda duda que la Hipnosis te enseña a utilizar áreas, en concreto la parte del hemisferio cerebral derecho, que es la parte donde se encuentra la creatividad y la intuición.

La herramienta hipnótica, sin ser ninguna varita mágica, es muy versatil, puesto que pueden beneficiarse de ella personas estresadas o con baja autoestima, alumnos que se preparan para la selectividad, personas con traumas infantiles, miedos o fobias, mujeres embarazadas, deportistas e, incluso, actores o músicos.

Y todo esto no lo digo con conocimiento de causa, ya que he tratado a muchísimas personas en esas situaciones y, en concreto, he llegado a trabajar con un abogado del Estado.

Por eso, insistiré las veces que haga falta, la Hipnosis no es cerrar los ojos y hacer el tonto para que la gente se divierta, sino que es trabajo a nivel inconsciente, en la parte de la mente donde está nuestro mayor potencial.

La Hipnosis es, fundamentalmente, terapia.

::::: **16/III/2014** :::::

Alma, respiración y libertad

Johann Wolfgang Von Goethe escribió:

"En la respiración hay dos mercedes: una, inspirar; la otra, soltar el aire. Aquélla colma, ésta refresca, es la combinación maravillosa de la vida".

Y a raíz de estas palabras, quiero trasladaros hoy unos pensamientos.

Todas las lenguas antiguas utilizan para designar el aliento la misma palabra que para alma o espíritu. Respirar viene del latín: 'spirare'; y espíritu, de 'spiritus', raíz de la que se deriva también inspiración.

En griego 'psyke' significa tanto aliento como alma.

En el indostánico encontramos la palabra 'atman', que tiene evidente parentesco con el 'atmen' (respirar) alemán… en la India al hombre que alcanza la perfección se le llama 'mahatma', que significa tanto 'alma grande', como 'aliento grande'. La doctrina hindú nos enseña también que la respiración es portadora de la auténtica fuerza vital que el indio llama 'prana'.

En el relato bíblico de la Creación se nos cuenta que Dios infundió su aliento divino en la figura de barro convirtiéndola en una criatura 'viva' dotada de alma; esta imagen indica bellamente cómo al cuerpo material, es decir, a la forma, se le infunde algo que no procede de la creación: 'el aliento divino'. Es este aliento que viene de más allá de lo creado, lo que hace del hombre y la mujer un ser vivo y dotado de alma.

Ya estamos llegando al misterio de la respiración… La respiración actúa en nosotros/as pero no nos pertenece, el aliento no está en nosotros/as, sino que nosotros/as estamos en el aliento. Por medio del aliento, nos hallamos constantemente unidos/as a algo que se encuentra más allá de lo creado, más allá de la forma.

Los pulmones sólo ventilan pero respiramos con todo el cuerpo, con cada célula: el aliento hace que esta unión con el ámbito metafísico (literalmente: con lo que está detrás de la naturaleza) no se rompa.

Vivimos en el aliento como dentro de un gran claustro materno que abarca mucho más que nuestro ser pequeño y limitado: es la VIDA, ese secreto supremo que el ser humano no puede definir, no puede explicar.

La vida sólo se experimenta abriéndose a ella y dejándose inundar por ella. La respiración es el cordón umbilical por el que esta vida viene a nosotros, la respiración hace que nos mantengamos en esta unión.

Recordemos que nosotros/as respiramos el mismo aire que respira nuestro enemigo/a, es el mismo aire que respiran los animales y las plantas, así que la respiración tiene algo que ver con contacto y relación.

Este contacto con lo que viene de fuera y el cuerpo se produce en los alvéolos pulmonares, con el primer aliento damos también el primer paso por el mundo exterior al desprendernos de la unión simbiótica con la madre y comenzamos a hacernos autónomos/as, independientes, libres.

Cuando a uno/a le cuesta respirar, ello suele ser señal de que teme dar por sí mísmo/a los primeros pasos con la libertad e independencia.

La respiración es igual a asimilación de la vida.

Por eso, a veces conviene preguntarse:

- ¿Hay algo que me impida respirar?
- ¿Qué es lo que no quiero admitir?
- ¿Qué es lo que no quiero expulsar?
- ¿Con qué no quiero entrar en contacto?
- ¿Tengo miedo de dar un paso en una nueva libertad?

::::: 22/III/2014 :::::

Memoria celular

En 1951 un neurocirujano canadiense llamado Wilder Penfield hizo notables descubrimientos relativos a los fenómenos perceptivos mediante una serie de experimentos.

Penfield estimulaba la corteza temporal del cerebro con una sonda galvánica. Entre los estudios importantes que realizo este científico figuró el demostrar que en el cerebro se graban y evocan juntos los acontecimientos y los sentimientos.

Es decir, cualquier hecho observable es registrado junto a un sentimiento y, al evocarse, siempre aparecen juntos.

Un niño en la escuela, aprende que dos más dos son cuatro, pero eso va acompañado de un golpe de regla que el profesor le da por torpe. El aprendizaje en este caso de las matemáticas va acompañado de una serie de impresiones, olores, gestos, imágenes, sensaciones y dolor, etcétera.

Todo pasa al Hipocampo que lo almacena para utilizarlo...

Un día, meses, años después, el adulto recuerda –por asociación– cómo aprendió que *"dos más dos son cuatro"* y evoca y siente todas las demás sensaciones, el miedo, el dolor, la vergüenza y rabia.

Así es como funciona nuestra memoria celular, porque las células aprenden de todo eso actuando en consecuencia, ya que el Sistema Nervioso Autónomo no distingue la realidad de algo imaginado en sus más mínimos detalles.

Por lo tanto, buscando un sistema más rápido de análisis, el Dr. Erick Berne se planteó que la conducta de una persona está notablemente influida por las experiencias grabadas junto a sentimientos de la infancia. Concluyendo que la relación entre dos personas adultas, dependen de los hechos pasados por cada una y la manera de exteriorizarlos. Por lo tanto, se dan transacciones entre ellas que dependen de la personalidad de cada uno y esta se ha formado esencialmente en los primeros siete años de la vida en el hogar paterno por ejemplo.

En resumen, memoria celular y aprendizaje con emociones. Debemos estar atentos y reflexionar sobre lo que aprendemos, pero también cómo lo aprendemos.

::::: 4/IV/2014 :::::

Hipnosis y PNL entre pájaros

Os contaré un pequeño secreto... explicare por qué voy a impartir un curso intensivo de abordaje terapéutico en Hipnosis y PNL esta Semana Santa en Villarrobledo (Albacete), entre el sonido de los pájaros al amanecer, que nos transmiten su canto de eternidad, y rodeados de viñedos, caminos y senderos donde pasear y dar libertad al cuerpo y expandir la mente.

Al ser intensivo nos da tiempo y se crea espacio suficiente para desarrollar lo que considero debe ser una práctica experimental y experiencial sobre el apasionante y, para mi, el mejor método de psicoterapia efectiva que existe en el amplio y complejo mundo de las psicoterapias...

Bueno lo imparto esencialmente por la demanda de algunos ex-alumnos que llevan tiempo recordándome que hace tiempo yo les prometí reunirnos unos días en un lugar propicio para descargar tensiones y liberarse del estrés que acompaña el vivir y, a veces, sobrevivir de cada día, con sus demandas, problemas y tensiones habituales.

Lo prometido es deuda, dice el refrán. Yo al menos voy a estar, si Dios quiere y los dioses son propicios. Aparte de estos momentos de expansión y contacto con la naturaleza en estos casi desiertos parajes, tenemos tiempo y tiempo para profundizar en los métodos teórico-prácticos de cómo hacer para hipnotizar a alguien que demanda ayuda terapéutica.

El primer día lo dedicamos a explorar in situ, en vivo y en directo, algunas técnicas de inducción al trance rápidas y eficaces: cuándo y cómo realizarlas y para qué pueden ser útiles. Una vez practicadas por los asistentes y evaluadas en sus finalidad práctica, pasaremos a estudiar-explorar-practicar algunas de las técnicas más clásicas y más efectivas del trance hipnótico y con las que obtener los estados mas propicios para que el posterior abordaje terapéutico resulte realmente eficaz y eficiente: material audiovisual, demostraciones por mi parte y la realización experimental por parte de los asistentes, explorado y evaluado el resultado práctico de el método hipnótico clásico.

Pasaremos a explorar algo fundamental en el estudio y práctica de la Hipnosis y sus métodos: las llamadas pruebas de sugestionabilidad: tomaremos como modelo experimental en versión libre, la llamada 'Escala hipnótica de sugestionabilidad de la clínica Stanford'.

Son algunos de los muchos métodos experimentales para evaluar la receptividad y permeabilidad (sugestión) de la mente humana. Se explora porqué y para qué realizar estas maniobras sugestivas y qué función cumplen en el posterior desarrollo de la psicoterapia en Hipnosis y PNL.

Toda esta explicación teórica va acompañada por sus correspondientes ejercicios, de la teoría se pasa inmediatamente a la práctica. Utilizamos pues el verdadero método científico (si es que en el campo de la Psicología se puede utilizar esta palabra). No damos nada por válido hasta que no lo hayamos explorado y vivenciado (lo experiencial) por nosotros, es la única autoridad que aceptamos… respetamos, estudiamos y contemplamos lo que dicen y enseñan otros profesionales de la psicoterapia. Pero hasta que no lo hemos comprobado por nosotros mismos, es simplemente teorías y simplemente teorías y, como decía Goethe:

"Toda teoría es gris y sólo es verde al árbol de dorados frutos que es la vida".

Tendremos presente antes, durante y después, que a través de este intensivo enseñamos qué hacer y cómo hacer para hipnotizar y tendremos siempre presente que, el resultado final depende (no hay que olvidarlo nunca) de la idiosincrasia o singularidad del cliente o sujeto al que pretendemos hipnotizar.

Esto nos vuelve a recordar un hecho irrebatible: toda Hipnosis es AUTOHIPNOSIS.

El resto del tiempo lo dedicaremos a modelar y modelar diferentes técnicas y formas de realizar eficazmente el abordaje práctico (y experiencial) de hipnoterapia, Hipnosis y PNL en acción.

¿Cuál es la clave esencial y exclusiva del método de este intensivo sobre hipnoterapia?

¿Lo adivináis? El que asista conjuntamente con el aprendizaje experimental teórico y practico (sobre los demás) debe obligatoriamente experimentarlo sobre sí mismo (experiencial).

Ya lo aviso: es un método de hipnoterapia directa, un metodo de hipnoanalisis; el que acuda realizará realmente una verdadera psicoterapia sobre si mismo, sus conflictos, hábitos, miedos y fobias… serán puestas sobre la palestra, observadas, conocidas, comprendidas y transformadas.

Son cuatro días y será una experiencia transformadora.

¡¡¡¡Avisados avisados estáis todos y todas!!!!

Los que no estéis dispuestos a tiraros al fondo de la piscina, mejor que no vengáis.

A todos/as en general os deseo que paséis una feliz Semana Santa.

::::: 8/IV/2014 :::::

Sugestionabilidad

Existe todavía mucha controversia acerca de la Hipnosis, acerca de si es o no un legítimo estado de trance. Si los supuestos expertos se tomaran la molestia de echarle un vistazo al sentido etimológico de la palabra *"trance"*, se evitarían debates estériles que desvían la atención del aspecto central, es decir, de su experimentación.

Eso es lo realmente importante.

Una vez que la persona está respondiendo a las sugestiones (a través de la inducción) el profesional deberá observar atentamente las reacciones del sujeto hipnotizado, y comprobará con la práctica que cada sujeto puede responder de muy diversas maneras, ya que la capacidad o no para entrar en trance hipnótico depende esencialmente de la idiosincrasia particular de cada individuo.

Algunas personas dirán que están en un trance muy profunda donde eran conscientes, pero se sentían como muy lejanos, muy adormecidos y su cuerpo o no lo sentían, o lo percibían muy pesado y abandonado.

Otros, sin embargo, lo vivencian como un estado normal de atención focalizada y donde experimentan calma y tranquilidad.

Salvo raras excepciones, casi todas las personas testimonian que la Hipnosis resulta agradable y relajante.

Uno de los aspectos que muestran las personas hipnotizadas es una mayor capacidad de sugestionabilidad. Durante el trance son conscientes y conservan todo el control de la situación, son plenamente conscientes de donde están, qué hacen o qué sucede, tanto exterior como interiormente.

Solo muestran algún tipo de amnesia (parcial) si el profesional se lo ha sugerido. Todo lo que sucede, sugestión, visualización, etc., ocurre con pleno consentimiento (el inducido al trance solo lo facilita).

La Hipnosis no es una terapia ni cura ni elimina por sí misma ninguna fobia o trauma, dolencia o cualquier otro trastorno.

Es un estado amplificador de los recursos internos para la ayuda en la resolución de tales problemas.

::::: **12/IV/2014** :::::

El puente

Este fin de semana he impartido el III Módulo del Curso Profesional de Hipnosis y PNL en Villena (Alicante).

Poco a poco, adviene la experiencia en trance colectivo. Algunos evocan antiguos recuerdos, la simbolización metafórica se desarrolla dándole un significado a la posterior comprensión de los contenidos del inconsciente. Ese poder se actualiza hacia la resolución de los problemas. Así se facilita el logro de objetivos.

Después, tocaba volver a casa.

Dicen los maestros que todo camino andado hay que desandarlo. Y cuando lo hacía reflexioné sobre mi labor como hipnoterapeuta y como profesor de estos cursos.

Tengo el objetivo de mirar en la dirección apropiada, para ampliar el campo de la conciencia y expandir la mirada: la mía y la de los que me rodean.

Metáfora de los puentes que veía cuando iba en el tren.

El puente terapéutico, así aprendemos a pasar del estado actual al estado deseado.

Sabemos qué hacer y cómo hacerlo… ¿El resultado?

Práctica, práctica y más práctica.

::::: **14/IV/2014** :::::

Hace 14 años

Aquí os dejo el audio de la grabación de un programa de radio emitido en el año 2000 en Onda Imefe. Un programa que fue uno de los ejercicios de comunicación más intensos que yo haya vivido en mi larga trayectoria profesional.

Fue una gran experiencia con una regresión hipnótica en directo. El espacio estuvo presentado por Julio Barroso, con cientos de oyentes de público como testigos directos del programa La Luz del Misterio, grabado en el Centro Cultural Buenavista de Madrid.

Además de mí como hipnoterapeuta, también participaron el doctor Fernando Jiménez del Oso, Iker Jiménez, Lorenzo Fernández Bueno, Juan Ignacio Cuesta, Santiago Camacho y Pablo Villarrubia.

Vibrante y emocionante experiencia radiofónica. Siempre te llevo en el corazón, amigo Fernando, y no dejo de recordarte.

NOTA del EDITOR:

Puede acceder a ésta y otras inducciones grabadas de Horacio Ruiz en Ivoox.com, concretamente en esta dirección:

http://www.ivoox.com/podcast-podcast-Hipnosis-de-horacio-ruiz_sq_f161760_1. html.

Para abrir exclusivamente el audio citado en esta entrada:

http://www.ivoox.com/Hipnosis-programa-radio-jimenez-del-oso-audios-mp3_ rf_3066240_1.html.

::::: **29/IV/2014** :::::

Carta de una alumna del curso de Hipnosis y PNL

Rrecientemente he recibido carta de una alumna que participado en uno de mis cursos.

Lleno de agradecimiento y con su permiso, quiero compartirla con vosotros/as a través de este blog, porque creo que merece la pena:

Quiero compartir mi historia de lo que ha significado y significa para mí la Hipnosis. En un principio, sinceramente, para mí la Hipnosis, era aquello que veía por televisión. Un señor con apariencia sería, con una voz potente, que hacía que las personas hicieran todo lo que les iba sugiriendo.

Un espectáculo en el que quedabas sorprendido ante tal control mental. Al paso de los años, iba leyendo algo sobre regresiones, que se relacionaba mucho con la Hipnosis: las bonitas historias que contaba Brian Weiss de unas supuestas experiencias sobre vidas pasadas. Era muy interesante, por mi inexperiencia en el tema, todo lo que iba leyendo, me sorprendía. Al tiempo llego a mí un documental de un señor muy conocido en España: Fernando Jiménez del Oso. Hacía programas algo paranormales, metafísicos… etc. Hizo un programa que hablaba sobre Hipnosis, donde salía un señor llamado Horacio Ruiz, que era experto en Hipnosis.

En ese momento pensé: ya lo veré con tiempo, porque es más de lo mismo. Hipnosis, espectáculo, la tele, lo relacionaba todo con lo mismo. Sin embargo, pasaron los años, seguía investigando y leyendo sobre terapias alternativas, crecimiento personal, vuelve a mi otra vez *"la Hipnosis"*. Vuelve a mí ese documental de Hipnosis al que muy poca importancia puse años atrás.

Sin embargo, esta vez fue diferente, me dije: voy a escuchar bien lo que dice este documental, pues... ¡no pinta mal la cosa! Fui consciente en ese momento de que la Hipnosis no era un simple espectáculo, ni un tío serio que controlaba las mentes. Sino que era una extraordinaria terapia que me iba aportar mucho. Lo intuía y había una parte de mí que estaba muy segura de ese pensamiento. Cuando empecé a entrar en el tema de la Hipnosis, mis inquietudes me hicieron llegar hasta Horacio Ruiz, un maestro de la Hipnosis que me generaba un respeto profesional, un entendido en estos menesteres, por lo que había leído. Contacte con él, para que me diera un breve explicación sobre el tema. Explicación que me dio muy bien, porque mi curiosidad cada vez iba a más. El primer contacto fue una experiencia algo sumamente increíble. Asistí a una de sus charlas. Con algo de respeto, con un poco de nerviosismo por lo que podía pasar. Todo empezó bien, Horacio daba una introducción sobre Hipnosis, y a medida que iba avanzando la charla, sugirió que iba hacer una inducción a todos los asistentes presentes. Cuando iba a comenzar, de repente un silencio rotundo en la sala, Horacio se dirige hacia a mí, me levanta el brazo, me dice: *"Fija un punto en la palma de tu mano y, a medida que voy contando del diez al cero, tu mano se va ir acercando lentamente hacia tu frente... 10... 9... va bajando..."*. Y así sugería Horacio. En ese momento pensaba, estoy siendo hipnotizada, y tengo el control total de todo, soy consciente de lo que me hace, de lo que dice, de lo que mi cuerpo hace, de lo que mi mente siente. Entro en un trance profundo, tan profundo, que no podía moverme. Seguía la charla, y escuchaba... ¡como la que más! ¡En estado de trance, nunca se pierde la consciencia ni el hipnotizador controla tu mente! ¡Esa fue mi primera lección! Ante un primer contacto, hubo una segunda charla, donde Horacio vuelve a hipnotizarme, esta vez me levanta el brazo, en un trance profundo, disociándome del lugar, noto como algo atraviesa mi mano, una aguja, pero no siento dolor. Soy consciente que estoy allí, hipnotizada, en un trance profundo, muy relajada. Mi brazo en altura y con una aguja clavada permanecía 23 minutos, en la misma posición. Una vez vuelvo a reafirmarme con la lección aprendida en la primera charla: ¡soy consciente de todo! En un estado de emoción y relajación, siento que esto de la Hipnosis me va cambiar la vida.

Entonces comencé el curso de Hipnosis y PNL. Por un lado, la novedad hizo que empezara a descubrir la Hipnosis, pero por otro lado iba adentrarme afrontar todo aquello que quizás me hacía sentir miedo, miedo a descubrirme a mí misma. Aquellas sombras y lado oscuro que muy pocas veces queremos entrar, descubrir que tras la máscara de la justificación, detrás se escondía un gran potencial llamado inconsciente. El inconsciente, el consciente, estados de consciencia, trance, inducción… ¡menudas palabras! Eso pensaba al hacer el curso… Cuando fui descubriendo el significado de cada palabra, me di cuenta los años que llevaban en mi vida todas ella, pero sin ser consciente de nada. Sí, sí estaba en trance constantemente, sugestionada constantemente, inducida hacia aquello que quería encontrar, encontrarme a mí misma. Por lo que me lo tome tan en serio, que emocionalmente y conscientemente, la Hipnosis empezó a formar parte de mi vida cada día. Escuchando grabaciones que Horacio compartía, aplicando en mi vida diaria todo aquello que iba aprendiendo en el curso. Cada seminario del curso era un descubrimiento, una emoción. Podía pasar el día en muchos estados de consciencia. Compartiendo con mis compañeros toda la enseñanza que con su calidez y sencillez, Horacio nos transmitía. Haciéndonos partícipes a todos en cada seminario, todo lo que podíamos abarcar con la Hipnosis y la PNL. Nos explicó todo que podíamos sacar de esta maravillosa herramienta, como siempre decía y dice Horacio, una herramienta eficaz y eficiente.

La podíamos utilizar en el día a día, la podíamos alternar con otras terapias. Pues lo resultados se veían más rápido. Al principio iba practicando, estaba un poco pérdida, las emociones alteradas, los recuerdos del pasado, los bloqueos, las catarsis en cada seminario… etc. En momentos no estaba presente, mis estados emocionales se apoderaban de mí. Salía todas las miserias, ese lado oscuro que temía. Incluso, era tanta remoción en mi interior, que pensé en dejar el curso. Ante tanto dolor, tuve que negociar y llegué a un acuerdo con mi inconsciente: yo le ofrecí mi empeño, mis ganas, mi ilusión y el me ofreció todo el potencial que yo llevaba dentro. Tanto me ofreció, que día tras día, con la práctica, práctica y más práctica. Mi inconsciente me daba todo aquello que necesitaba en cada momento. Pude ser consciente de que todos tenemos un potencial increíble, y que se nos va la vida, dormidos, sin darnos cuenta. Sin darnos cuenta de que respiramos, de que pensamos, de que somos conscientes, de que podemos cambiar nuestra vida. De que *"nos comportamos como simples pigmeos, siendo unos dioses"*, como decía muchas veces Horacio. Horacio, gran maestro de la mente, maestro que llego cuando los alumnos estábamos preparados. Me venía el recuerdo entonces, que el hipnotizador no es un hombre serio, ni con voz potente como aquellos de la tele. ¡Es un ser humano! Horacio, el maestro con voz potente, sí, con un gran potencial y manejo sobre estos menesteres. Ante todo un gran hombre que ofreció a sus alumnos todo lo que sabía, sus experiencias, su tránsito, su camino… Que compartía con todos su buen humor, su sencillez y algún que otro chiste. Sobre todo transmitía su vocación, y la gran labor que hace, despertar a todas aquellos/as que estábamos dormidos/as. Hoy puedo decir, si me preguntan: *"¿Qué es la Hipnosis? La Hipnosis soy yo misma"*.

Gracias por esta maravillosa, clara y magnífica exposición de todo lo que ha representado y sigue representando para ti la Hipnosis. Serás una verdadera profesional de la Psicología clínica cuando termines tus estudios, querida Lidia.

¡Ah!, gracias por compartir con todos nosotros/as tus vivencias, tus experiencias internas y tus cambios externos… así, siendo, estando y evolucionando, tú nos haces partícipes a los demás de tu transformación.

Gracias Lidia, de la vieja estirpe de los guanches canarios…

::::: 4/V/2014 :::::

Endorfinas

Referente a los problemas físicos que cualquier persona puede sufrir, siempre hay que analizar su íntima relación con lo psicológico–emocional, puesto que habitualmente somatizamos más de lo que nos pueda parecer.

En estos casos, buscando lo más eficaz y eficiente, conviene trabajar con ejercicios de visualización.

La relajación y la visualización producen endorfinas, unos neurotransmisores químicos que cruzan el espacio llamado sinápsis entre las células cerebrales para estimular los receptores de las células vecinas. La ubicación de los receptores opiáceos sugiere la manera en que estas sustancias, ya sea internas o externas, ejercen su efecto.

Básicamente se les encuentra en el cuerpo calloso del cerebro, que es el núcleo de la mayor parte de las emociones fuertes como miedo, ira, amor y depresión; y en el tálamo medio, que transmite al cerebro los impulsos de dolor que se generan en el cuerpo.

Debido a ello, los endorfinas pueden interferir con las señales de dolor corporal y también pueden tener efectos sobre las emociones fuertes. Son producidas en la glándula pituitaria y el hipotálamo en los vertebrados durante ejercicios vigorosos, excitación y orgasmos, con capacidad para producir analgesia y una sensación de bienestar. Son producidas en esos casos… y también cuando tenemos éxito terapéutico con la visualización.

La visualización potencia la generación de endorfinas y éstas actúan como eliminadores naturales del dolor, con efectos que pueden colaborar con otros tratamientos médicos, mejorando notablemente la calidad de vida del paciente.

::::: 10/V/2014 :::::

Ahora depende de vosotros/as

Van finalizando los cursos profesionales de Hipnosis que estoy impartiendo durante los últimos meses. El primero en acabar ha sido el de Villena (Alicante).

Quedan pendientes de llegar a su fin los de Madrid y Zaragoza, ya bastante avanzados.

Entre el inicio y el final, nos hemos acercado a través de la ventana del tiempo, hemos sido protagonistas y testigos. Hemos aprendido qué hay que hacer y cómo hacerlo para poder hipnotizar de forma eficaz. Hemos protagonizado métodos para abordar cambios internos y hemos estudiado cómo formular objetivos específicos en el área personal o profesional. Hemos analizado ejemplos y los hemos comprobado.

Ahora, los alumnos/as tienen en su mano las herramientas que antes no tenían.

Ahora depende de ellos qué hacer y cómo gestionar todo lo que les he logrado enseñar.

Ellos/as tienen la última palabra. Qué bueno que sea así.

Misión cumplida.

::::: 19/V/2015 :::::

Plasticidad y visualización

Nuestro cerebro es un órgano cambiante. Se dice que es plástico, es decir, que puede cambiar su actividad y su estructura a lo largo de la vida. Dependerá de nosotros que esos cambios sean en un sentido o en otro.

Dicen los expertos en neurociencia que es la experiencia la que modifica nuestro cerebro continuamente, fortaleciendo o debilitando las sinapsis que conectan las neuronas, generando así el aprendizaje que es favorecido por el proceso de regeneración neuronal llamado neurogénesis.

En palabras llanas, desde una perspectiva terapéutica, la plasticidad del cerebro es fundamental puesto que posibilita la mejora de cualquier paciente.

En el estudio de Maguire, E. A. et al. (2000): 'Navigation related structural change in the hippocampi of taxi drivers' se analizó el hipocampo (región cerebral, implicada en el aprendizaje y la memoria espacial) de los taxistas de Londres. Imaginad el callejero de la capital británica y la cantidad de datos que deben memorizar estos hombres y mujeres.

Pues bien, el tamaño del hipocampo en los taxistas era mayor que en el resto de conductores.

¡Su cerebro se ha modificado físicamente por el ejercicio de memorización!

Modifiquemos nuestro cerebro, hagamos uso de la visualización, aprendamos a pensar y a sentir con una orientación más positiva.

::::: 24/V/2014 :::::

La ignorancia es atrevida

"La ignorancia es atrevida..."

Eso dice, al menos, un psicólogo cognitivo-conductual de Valencia. Este psicólogo también ha señalado que:

"Una de las prácticas más iatrogénicas de acuerdo al conocimiento científico actual es la llamada Hipnosis regresiva. Esta práctica, además de no seguir ningún protocolo académicamente respaldado para el cliente, genera el denominado síndrome de falsa memoria, que es el responsable de las fabulaciones o falsos recuerdos que fácilmente se producen a quienes se inician en este procedimiento inapropiado".

Pues bien, hablemos con claridad. Este planteamiento así enunciado es completamente falso.

Resulta falso cuando dice *"de acuerdo al conocimiento científico actual".*

Intentaré explicar por qué:

- La llamada ciencia se basa en una metodología.
- Existen unos paradigmas actuales acerca de lo que es o no es ciencia.
- La tecnología, sistema o método de inducción hipnótica a la regresión no es contemplada por dichos paradigmas.
- Por tanto, no existe método científico para investigar la Hipnosis regresiva.
- Como no existe método para investigarla, la desprecian y no la consideran científica.
- No contemplan el uso terapéutico de la regresión y, al desprecio, se une la falta de práctica por su parte.
- Si no la practican, no la conocen; si no la conocen, no pueden objetivamente hablar de ella.

Estos perillanes académicos se enmascaran para hablar dogmáticamente, refugiándose en supuestos teóricos para descalificar aquello que jamás han experimentando (ni en ellos mismos -autohipnosis-, ni en los demás).

Plantean que la práctica regresiva resulta iatrogénica y que, además, provoca el síndrome del falso recuerdo... ¿Cómo lo sabe el autor de este planteamiento si no ha practicado nunca la regresión?

Continúa diciendo que *"hoy sabemos...".*

¿Quién lo sabe?

Quien tales afirmaciones lanza se permite rechazar una técnica que jamás ha practicado y de la que no tiene experiencia. Por tanto, no está capacitado para evaluar o hablar del tema.

Si supiera, sería porque habría practicado y realizado la técnica hipnótica de regresión sobre cientos de pacientes, alumnos o clientes como sujetos de experimentación.

Lógico, ¿no?

Si lo sabe sobre la propia experiencia, será porque lo ha practicado y, repito, entonces sí tendría metodología, sistema o protocolos. ¿Cómo se puede iniciar un planteamiento asegurando que *"esta práctica, además de no seguir ningún protocolo..."* ¿Lo ha seguido él y por eso dice que es iatrogénica? ¿No lo ha seguido ni practicado y habla solo por prejuicios?

Dice que la ciencia *"ha demostrado..."*.

Negamos la máxima (la Psicología no es ciencia) y, si habla por lo que otros han investigado, simplemente copia y repite como un loro lo que otros investigadores dicen que ellos han experimentado. Y la pregunta entonces sería: ¿quiénes han investigado?

¿Qué métodos han utilizado y con qué tipos de problemas?

Los que practicamos una y mil veces la regresión hipnótica y la Hipnosis en general, la practicamos, la exploramos en nosotros mismos y en los cientos de clientes y alumnos que acuden a nuestra consulta. Y sabemos por experiencia propia, conseguida a través años y años de investigación, que la práctica en modo alguno resulta iatrogénica. Nunca perjudica, siempre es positiva para aclarar dudas y generar soluciones allí donde ellos, los psicólogos clínicos como el que escribe el citado articulo, han fallado.

Eso es evidente y demostrable con el método científico en la mano. Ese método científico que pide que cualquier experimento acerca de un fenómeno sea explorado con una metodología específica y concreta, así como que el experimento se pueda repetir miles de veces con el mismo resultado. A eso le podemos llamar método científico...

::::: 30/V/2014 :::::

Tú sabes hacia dónde

El otro día, paseando por el campo (una de mis pasiones), me quedé absorto observando unos árboles mecidos por el viento. Les saqué unas fotos y tomé unas notas de la reflexión que me vino a la mente:

"Flexible como las ramas y sus verdes hojas, que saben abrirse a lo nuevo. Se mecen y se adaptan a las circunstancias, saben capear los malos vientos. Inamovible como el tronco, firme en sus principios y valores, resistente a los vendavales, confiado en sí mismo. Saber hacia dónde crecer y hacia dónde queda arriba".

Después, al repasar en casa estas fotos y estas notas, me he dado cuenta de que no son nada originales y se nos pueden aplicar a todos. La terapia, la Hipnosis, nos ofrecen herramientas para el cambio a mejor... pero, ¿cuándo hay que ser flexible como las ramas y cuándo firme como el tronco?, ¿hacia dónde hay que caminar?

La respuesta tampoco es demasiado original: el yo interior, el inconsciente sabio nos debe guiar.

::::: **7/VI/2014** :::::

Lo prometido es deuda. Os debo dos grabaciones

La Regresión hipnótica a vidas pasadas, ¿práctica iatrogénica? La Regresión hipnótica, ¿método científico?

Es preciso dejar el miedo y todos los programas o *"guiones de vida"* condicionantes y limitantes. Esos que nuestros padres primero, la religión, la política, los maestros y demás personas y experiencias por las que hemos pasado nos han ido programando, inculcando y, finalmente, diciéndonos qué deberíamos pensar.

Lamentablemente, nunca nadie nos dijo: *"Piensa por ti mismo/a"*.

Nadie nos enseñó cómo pensar. Más de 15.000.000 millones de neuronas cerebrales aseguran que tenemos. Eso dicen los científicos.

Bueno, otra veces dicen que más de 100.000.000... ni en eso se ponen de acuerdo. Neurona arriba o neurona abajo, lo importante no es cuántas tenemos, sino cómo las usamos, en qué contexto, dónde, cómo y cuándo usamos ese potencial para ser más felices y mejorar nuestra calidad de vida. Y, por lo tanto, la de los que nos rodean. El conocimiento, la felicidad y el bienestar no lo es ni se disfruta si no es compartido con otros. Nuestros seres queridos en especial. Es decir, podemos y debemos activar otras áreas del cerebro, expandir o ampliar las perspectivas de la mente hacia una superación y una actualización de los recursos y potencialidades de nuestra mente. Quien no se resigne a vivir como un pigmeo psicológicamente hablando, puede ensayar, explorar y comprobar que somos más y podemos más de lo que nos han enseñado nuestros padres y demás tutores, psicológicamente hablando también.

Somos dioses, potencialmente hablando, y la gran mayoría de nosotros nos conformamos con vivir como pigmeos. No me refiero al hecho físico, sino al psicológico. ¡¡¡Lo aclaro, no sea que alguno de esa tribu me dé un zurriagazo!!!.

"Vosotros dioses sois", dicen las sagradas escrituras, ¿no es cierto? ¿O acaso ignoráis que el espíritu de dios en vosotros mora? Una lectura superficial desde una actitud

de simple creencia religiosa nos llevaría a interpretar estas palabras literal y dogmáticamente. Una interpretación psicológica en base a su simbolismo esotérico nos puede ayudar en su verdadera interpretación: la materia prima, la psique, alma o espíritu inherente a nuestra verdadera naturaleza nos incita a despertar ese potencial y permitir que los valores éticos, morales y espirituales de la conciencia se expandan y nos convirtamos en verdaderos reyes y sacerdotes de la naturaleza según la orden de Melquisedec, tal y como también dice la Biblia.

No, no se espante ni tuerza el morro el paciente lector/a si cree que le estoy hablando como cualquier creyente religioso o desde una interpretación de simple fe religiosa. Nada más lejos de tal enfoque o interpretación. (Que también sería respetable…) Más bien hablo desde una visión verdaderamente científica, esto es, los métodos aportados en el presente blog son una herramienta poderosa para cualquier persona que quiera mejorar su calidad de vida. Para el profesional que necesite utilizar un conjunto de métodos y herramientas psicológicas con las que resolver eficaz y eficientemente los conflictos y problemas que sus clientes le demande solucionar si es un clínico o terapeuta.

No se confunda el lector entonces detrás de esas simbólicas palabras, puesto que detrás de los mitos, metáforas y parábolas del evangelio cristiano, por ejemplo, hay verdaderos tratados de Psicología, métodos de autorrealización psicológica y espiritual que el seudo científico ni siquiera es capaz de entrever por sus prejuicios y falsos apreciaciones psicológicas.

En este blog vengo incorporando modelados de 'regresiones hipnóticas' adaptadas a personas de distintos perfiles psicológicos y con diferentes inquietudes, idiosincrasia particular, etc. Como es lógico suponer, cuando se realiza una regresión en el tiempo, es decir *"a vidas pasadas"*, la cosa cambia totalmente.

Para un grupo heterogéneo y de acuerdo a esa necesaria diversidad de intereses y rasgos personales, se modelan ejercicios de amplio espectro metafórico y se suscitan imágenes y símbolos adaptados a esa mencionada diversidad, que todos puedan encajar, que los contenidos sean adaptados según las necesidades y capacidades de imaginar y visualizar de cada uno. Además, se insiste mucho en la fraseología:

"Concéntrate en el eje de tu búsqueda personal, vete donde tu inconsciente (sabiduría interior) tenga que llevarte ahora… donde ahora tú necesites ir… ver lo que ahora sea apropiado para ti… lo demás más tarde ya sabrás qué hacer con todo eso…".

Siempre se hace hincapié en dejarse llevar por su propia sabiduría interior y en función de sus necesidades:

"Nunca verás o sentirás aquello que ahora no debas ver o simplemente no sea el momento de que lo veas…".

La fraseología debe ser lo suficientemente abstracta o ambigua y sin sugestionar nada concreto para ver o recordar. El profesional debe tener sumo cuidado en no provocar directa o indirectamente, ningún tipo de experiencia en particular. La persona que siga estos modelados de regresión verán o recordaran aquello que ahora necesiten ver o recordar. Y mi compromiso con todo/as los amigos/as que participan en mis talleres y cursos de regresión hipnótica a vidas pasadas me obliga a cumplir lo prometido: enviaré por Ivoox DOS GRABACIONES ESPECIALES para explorar estos contenidos del inconsciente, vamos a dejarnos llevar por las inducciones hipnóticas y ver hasta dónde nos llevan.

No estamos solos, amigos, amigas… no estamos solos…

Vocatus atque non vocatus…

Espero que me contéis vuestras experiencias.

::::: **24/VI/2014** :::::

Dos grabaciones: 'Las Tres Puertas' y 'El Templo Interior'

Cumplo aquí la promesa que os hice en este blog y en el último Taller de Hipnosis y Regresiones.

Aquí debajo están las dos grabaciones anunciadas. Ya sabéis que predico que uno debe practicar primero lo que después va a ofrecer a sus alumnos/as o pacientes. Pues bien, así lo hice con estas dos grabaciones. Lo siento amigos, os llevo ventaja… porque tras escuchar estas grabaciones y quedar dormido, en la fase REM tuve un sueño impresionante. Mi relación con mi 'Sombra'.

Se provocó una verdadera revolución en mi interior y las imágenes oníricas afloraron como hace tiempo no experimentaba. Así que sé que lo que os ofrezco da resultados. Ahora lo podréis realizar vosotros también. Estamos compartiendo y eso nos enriquece. Esto sí que es un verdadero método experiencial.

Como siempre, contadme qué tal os ha ido.

NOTA del EDITOR:

Puede acceder a ésta y otras inducciones grabadas de Horacio Ruiz en Ivoox.com, concretamente en esta dirección:

http://www.ivoox.com/podcast-podcast-Hipnosis-de-horacio-ruiz_sq_f161760_1. html.

Para abrir exclusivamente el anterior audio:

http://www.ivoox.com/Hipnosis-explorando-templo-interior-horacio-ruiz-audios-mp3_rf_3261454_1.html.

NOTA del EDITOR:

Puede acceder a ésta y otras inducciones grabadas de Horacio Ruiz en Ivoox.com, concretamente en esta dirección:

http://www.ivoox.com/podcast-podcast-Hipnosis-de-horacio-ruiz_sq_f161760_1. html.

Para abrir exclusivamente el anterior audio:

http://www.ivoox.com/Hipnosis-las-3-puertas-estados-trance-horacio-audios-mp3_ rf_3261457_1.html.

::::: **27/VI/2014** :::::

Jiménez del Oso sobre la reencarnación

Ya sabéis que tengo dos talleres en agenda centrados en la Hipnosis regresiva, uno en Murcia y otro en Gran Canaria.

Estaba pensando en hacer una nueva entrada en este blog sobre las regresiones hipnóticas como acción terapéutica. Pero, al final, he pensado que mejor no. Mejor le tomo prestadas unas palabras sobre la reencarnación a mi siempre admirado y recordado Dr. Fernando Jiménez del Oso.

"Cientos de millones de personas creen que se muere para volver a nacer. Cientos de millones de personas pueden equivocarse, es cierto, pero también pueden estar en la verdad. Lo más fácil es imaginar paraísos, 'praderas eternas' donde abunda la caza y el sexo en solaz en vez de pecado; es una idea que gratifica.

¿Por qué el hombre se empeña entonces en la idea de la reencarnación? ¿Por qué siente la necesidad interna de purificarse y mejorar a través de sucesivas reencarnaciones?

En este hemisferio la Iglesia ha jugado un papel decisivo; el condicionamiento en una época infantil por un establecimiento más social que natural, más económico y político que natural y espiritual, ha abortado en alguna manera la tendencia espontánea hacia la reencarnación. Pero puede hablarse de la reencarnación como de una alternativa natural, antropológica, frente al fenómeno de la muerte.

Cuando en Occidente hablamos de un despertar de lo oculto, no se está hablando de una moda, de un entretenimiento para la sociedad burguesa, sino de algo mucho más profundo. Es como un redescubrimiento, toda vez que la estructura eclesiástica (no confundir con el cristianismo), con su montaje de concilios y demás vulgaridades, ha terminado por dejar un vacío hasta ahora llenado artificialmente. La verdad del hombre está dentro del propio hombre, en sus impulsos y tendencias, en sus deseos y esperanzas.

Por eso hay que reconsiderar la reencarnación, someterla a análisis en lo histórico y escuchar el eco interno que su hipótesis nos produce".

Dicho queda y lo suscribo por completo.

::::: **4/VII/2014** :::::

Nuestro yo más mezquino

Cuando los contenidos del inconsciente son integrados y asumidos en el consciente, se va conformando la individualidad, el Self (el Uno) como Jung define a la propia individuación. En este proceso de individuación de la Psicología de Carl Gustav Jung se tiende hacia el centro superior de la psique, es decir, al Sí-Mismo.

Para ello, el Yo, nuestra conciencia o consciencia, va ampliando su autoconocimiento e integrando los diversos arquetipos que configurarán su personalidad total. Esto presupone la multiplicidad del yo o sub-personalidades, que era como Jung definía a ese lado plural y no singular del individuo.

Por lo tanto, desde la Psicología junguiana y otras afines —especialmente las doctrinas psicológicas más antiguas—, el individuo no es un ser logrado, integrado y unificado en un solo Yo, sino que hay muchas partes que lo constituyen: por eso se habla de la máquina humana y de los múltiples yoes que nos constituyen.

El primer arquetipo que debe ser integrado es lo que Jung denominó como sombra. Esto supone —al comenzar conscientemente el proceso de individuación— reconocer y vivenciar los contenidos de nuestro inconsciente personal, porque percibir la sombra es como mirarse en un espejo que nos muestra los recovecos de nuestro inconsciente personal.

Aceptar la sombra es aceptar el ser 'inferior' que habita en nuestro interior.

Porque la sombra que todavía no ha sido integrada en la conciencia origina multitud de proyecciones. Dicho de otro modo, la sombra proyectada es la causante de la gran mayoría de los actos cotidianos en los que la intercomunicación es obstruida por 'ruidos' psíquicos. Acusamos a los demás de defectos que anidan en nuestro interior y que no nos gusta reconocer como tales.

Así que ya queda dicho y recojo parte de los planteamientos junguianos: hay que tener sumo cuidado para no proyectar nuestra propia sombra de un modo harto vergonzoso, transfiriendo sobre los demás aquello que es notorio como lado menos amable y menos aceptado socialmente en nosotros mismos.

No admite discusión que es en nosotros mismos, precisamente, donde con mayor frecuencia y con mayor realidad percibimos las cualidades de la sombra, siempre que estemos dispuestos a reconocer que nos pertenecen.

Así, por ejemplo, cuando nos sobreviene una explosión de rabia; cuando bruscamente comenzamos a maldecir o a conducirnos groseramente; cuando, del todo en contra de nuestra voluntad, actuamos de un modo antisocial; cuando nos comportamos ruinmente, con mezquindad o aparecemos coléricos, cobardes, frívolos o hipócritas: entonces desplegamos cualidades que en circunstancias ordinarias ocultamos o reprimimos cuidadosamente y cuya existencia nosotros mismos ignoramos.

La sombra es la parte inferior de la personalidad. La suma de todas las disposiciones psíquicas personales y colectivas, que no son vividas a causa de su incompatibilidad con la forma de vida elegida conscientemente y se constituyen en una personalidad parcial relativamente autónoma en el inconsciente con tendencias antagónicas.

Acabo con la idea clave: hay que reconocer y vivenciar los contenidos de nuestro inconsciente. Mirar a la sombra y ver nuestros recovecos. Y aceptarlos. Aceptarnos.

::::: **9/VII/2014** :::::

¿Sabemos formular nuestros objetivos?

Explora ahora este asunto tan importante.

Conviene comprobar por experiencia propia cómo formulamos objetivos y cómo, a pesar de tal propósito y con el transcurrir del tiempo, estas metas no se alcanzan…

¿Qué está ocurriendo en realidad? ¿Es posible formular algún objetivo acerca de algo que realmente queremos lograr y alcanzarlo?

Si decimos, por ejemplo, *"Voy a adelgazar o a dejar el tabaco"*, ¿Cómo es que en la mayoría de los casos esta meta inicial no es alcanzada? ¿Dónde estamos fallando o dónde nos equivocamos al formular esa meta? Observa cómo muchas veces cuando yo te hablo tú no me escuchas. Tu mente se distrae con muchos pensamientos, imágenes y emociones de diversa índole, que van y vienen. Es decir, una parte de tu mente me escucha atenta, mientras otra parte inatenta está más interesada en otras cosas que no tienen nada que ver con lo que exploramos ahora aquí.

Mantienes un diálogo interno: tu mente charla o conversa consigo misma, se dice cosas y se contesta. A veces discutes contigo mismo/a… Partes que piensan, partes que se emocionan, partes que ríen y otras que lloran. Partes de ti que tienen miedo, junto a otras que se sienten seguras y capaces. Recuerdos, imágenes y emociones del pasado irrumpiendo en el presente. Una parte de ti piensa una cosa, otra desea y realiza algo distinto. Una parte de tu mente dice que vas a realizar una dieta para adelgazar o que vas a dejar de fumar, ir al gimnasio o pasear todos los días varios kilómetros. En fin, cualquier cosa de esas que muchas veces nos proponemos y nunca o casi nunca realizamos al final.

¿Porqué no realizamos o alcanzamos algo que nos proponemos, en teoría, conscientemente y voluntariamente? ¿Quién decide dentro de nosotros mismos una cosa y quien ofrece resistencias inconscientes y no nos permite realizarlo? ¿Qué ocurre en nuestro interior? ¿Tenemos una individualidad psicológicamente hablando o somos muchas personas en nuestro interior? Ahora sería importante que observes cómo interactúan constantemente tu mente consciente y tu mente inconsciente. Y debes observar también cuándo entras en conflicto interno y así descubrir procesos inconscientes que pueden ser de utilidad.

"La mente inconsciente es un repertorio de todas las experiencias que uno ha tenido en la vida; la consciente es el estado de percatamiento inmediato (...) La mente inconsciente se compone de lo que aprendimos a lo largo de nuestra vida, parte de lo cual lo tenemos olvidado por completo, pero nos sirve para el funcionamiento automático; gran parte de la conducta consiste precisamente en este funcionamiento automático. El inconsciente es mucho más inteligente que la mente consciente".

(Jeffrey Zeig, 1985)

::::: **17/VII/2014** :::::

Hipnosis, medicina y dolor

El Dr. Rainville y Dra. Crawford son dos científicos que han estudiado los efectos de la Hipnosis en el cerebro a través de neuroimagen, llegando a algunas conclusiones como la de que el dolor está en el cerebro y no en el cuerpo.

En los citados estudios se ha comprobado que con el dolor existen áreas cerebrales activadas, mientras que bajo Hipnosis hay áreas cerebrales que se 'desactivan'.

"En la hipnoanalgesia hay una influencia directa en la activación cerebral y la producción de regulación de mecanismos neuroendocrinos que modulan la percepción del dolor".

J. Sala Payá, 2003

Muchos autores ya nos han indicado que el tratamiento del dolor es multidisciplinario y que en el mismo deben intervenir profesionales de diferentes áreas de la salud. Por tanto, si hablamos de tratamiento del dolor, la Hipnosis no puede ser una técnica aislada, sino una más en un proceso terapéutico global.

La experiencia nos dice que los dolores que se tratan bajo Hipnosis clínica pueden ser agudos o crónicos (quemaduras, dolores neuropáticos -como en la diabetes-, dentales, exploraciones médicas dolorosas, migrañas, fibromialgia, miembro fantasma, colon irritable, dolores lumbares o neuralgia del trigémino, por mencionar algunos).

En la relación de la Hipnosis y la medicina no podemos olvidar al premio Nobel español, D. Santiago Ramón y Cajal, que fue un destacado practicante y defensor de la Hipnosis para usos médicos y psicoterapéuticos.

En la actualidad, el estudio más exhaustivo sobre la eficacia de la Hipnosis ha sido realizado por la Clínica Mayo, una de las más importantes organizaciones clínicosanitarias de Estados Unidos. En el estudio 'Hypnosis in Contemporary Medicine', publicado en el año 2005, se establece una larga lista de condiciones y patologías médicas en las que se ha demostrado la eficacia de la Hipnosis y para las que se recomienda su uso: alergia, anestesia para alivio del dolor, anestesia para cirugía, dermatología, gastroenterología, recuperación postoperatoria, hematología, hipertensión, neurología, obesidad, obstetricia, oncología, otorrinolaringología, neumología, reumatología, fibromialgia, cirugía y urología).

En los últimos años se están realizando numerosos estudios sobre la utilización de la Hipnosis en el área médica, publicados en prestigiosas revistas del ámbito médico (The Lancet, Cáncer, Pain, Oncology, Nature…). Especialmente relevantes son los realizados por la Dra. Elvira V. Lang (Harvard Medical School, EEUU) que muestran una mejora significativa en los tiempos de recuperación y en el estado general del paciente después de una intervención quirúrgica, cuando se utiliza la Hipnosis inmediatamente antes de la operación.

Termino este texto destacando que es en el área de tratamiento del dolor donde la Hipnosis cuenta con una mayor aceptación y utilización en el ámbito médico, especialmente cuando de dolor crónico se trata.

::::: 25/VII/2014 :::::

El Dhammapada

• Todos los estados encuentran su origen en la mente. La mente es su fundamento y son creaciones de la mente. Si uno habla o actúa con un pensamiento impuro, entonces el sufrimiento le sigue de la misma manera que la rueda sigue la pezuña del buey…

• Todos los estados encuentran su origen en la mente. La mente es su fundamento y son creaciones de la mente. Si uno habla o actúa con un pensamiento puro, entonces la felicidad le sigue como una sombra que jamás le abandona.

Recupero estas ideas de los textos sagrados de 'El Dhammapada', que la tradición religiosa atribuye al propio Buda. Al margen de otras consideraciones metafísicas, merece la pena reflexionar sobre su profundo sentido psicológico.

::::: 26/VII/2014 :::::

Otra grabación: mente abierta

"El ego es un mono que salta a través de la selva: totalmente fascinado por el reino de los sentidos, cambia de un deseo a otro, de un conflicto a otro, de una idea centrada

en sí misma a la siguiente. Si lo amenazas, realmente teme por su vida. Deja partir a ese mono. Deja partir los sentidos. Deja partir los deseos. Deja partir los conflictos. Deja partir las ideas. Deja partir la ficción de la vida y de la muerte. Permanece simplemente en el centro, observando. Y después olvídate de que estás en él".

Lao Tsé, 'Hua Hu Ching'

Ese mono que todos llevamos dentro leerá esto y se hará el loco, como siempre, como si no tuviera nada que ver con él mismo.

Os dejo aquí un ejercicio grabado con una buena ración de autohipnosis que yo mismo he practicado, buscando el mono dentro de mí, para observar cómo interactúa mi mente consciente y mi mente inconsciente.

Os animo a comprobar cómo el mono, o sea, mi ego, el yo con el que me identifico, salta de rama en rama, de pensamiento en pensamiento. Por mi parte, una de las conclusiones a las que siempre llego es que el gran reto es la clave del presente, el aquí y ahora.

Escuchad y practicad la grabación: ¿cuál es la conclusión a la que llegáis vosotros?

NOTA del EDITOR:

Puede acceder a ésta y otras inducciones grabadas de Horacio Ruiz en Ivoox.com, concretamente en esta dirección:

http://www.ivoox.com/podcast-podcast-Hipnosis-de-horacio-ruiz_sq_f161760_1. html.

Para abrir exclusivamente el audio citado en esta entrada:

http://www.ivoox.com/Hipnosis-mente-abierta-horacio-ruiz-audios-mp3_ rf_3373492_1.html.

::::: **4/VIII/2014** :::::

Poderosa herramienta

Muchos conflictos que se muestran resistentes a las terapias convencionales, se resuelven —a veces— con rapidez cuando se utiliza la técnica hipnótica regresiva. No es correcto plantear que la Hipnosis, y mucho menos la regresión a supuestas vidas pasadas, sea una panacea o varita mágica que aporte la clave para curar o aliviar todo mal del cuerpo o del espíritu.

Pero afirmo que es una poderosa herramienta para hacer descubrimientos básicos acerca del origen del problema que afecta la salud del paciente y, por lo tanto, confiere la posibilidad de encontrar más fácilmente los recursos o métodos propios de la labor terapéutica para resolver -ayudar- en el logro del objetivo de toda terapia, sanar, curar, aliviar…

Cuantas más herramientas o técnicas psicológicas tenga un profesional de la psicoterapia, mejor puede hacer su trabajo aliviando el sufrimiento humano. A la mayoría de los clínicos les detiene en este aprendizaje y uso de la Hipnosis regresiva los prejuicios académicos y sus paradigmas limitantes y limitadores en la verdadera labor científica; investigar, explorar, experimentar y sobre todo experiencial -sobre sí mismos- y sobre todo, el tremendo miedo que tienen a apartarse del camino seguro y acomodaticio por el que transita el resto de la manada.

Esto no es una opinión personal, es una evidencia.

"De esta manera todo ese conjunto de seres vive y revive, uno después del otro. Pero aparte de esta naturaleza visible, haya otra invisible, eterna, cuando todos los seres mueren, ella no muere; se llama lo Invisible y lo Indivisible".

"Aquello que es no puede dejar de ser".

Bhagavad Gîtâ

Y es que como ya dijo el sabio: en la naturaleza, la energía ni se crea ni se destruye, simplemente se transforma…

¿Tan difícil es de entender?

::::: **9/VIII/2014** :::::

Metáfora: naturaleza exterior e interior

La metáfora se usa en la PNL para ilustrar figuras retóricas, anécdotas, comparaciones, símiles y parábolas. La metáfora conforma un agrupamiento lateral entre dos elementos estableciendo comparaciones y conexiones sutiles, que no son evidentes.

Necesitamos realizar comparaciones para dotar de sentido a nuestra experiencia En este caso os dejo un vídeo sobre cómo la naturaleza exterior se refleja en nuestro interior. Pensar es imaginar, pensamos en imágenes, somos lo que pensamos, somos lo que imaginamos, cambia tu forma de pensar y cambiarás tu forma de sentir y por lo tanto de actuar. El cambio siempre debe ser interno y así cambiará tu exterior y sus circunstancias.

Las técnicas de visualización tienen orígenes múltiples: las encontramos en oriente en la oración contemplativa. Ya en la edad de piedra los hombres inscribían en el *"vientre de la tierra"* las visiones de sus cazas futuras, como si fuera una repetición de la caza real, 'hacer como si…' es estar en camino de conseguirlo. Antes de cualquier acto, creamos una imagen anticipada del acto que vamos a realizar utilizando las informaciones de las experiencias sensoriales vividas en el pasado.

Hay muchas formas de entrar en 'trance hipnótico', y un contacto con la naturaleza y sus contenidos metafóricos puede ser una forma extraordinaria (es decir, fuera de lo ordinario) de contactar por analogía con nuestra propia naturaleza de la cual el exterior es un simple reflejo; aquello que esta fuera también está dentro, es convertirse en ese árbol, esa rama que se mueve flexible y esa hoja que se desprende por la brisa de la rama y cae a las aguas del río y se desvanece corriente abajo. Es una bella metáfora de esos pensamientos negativos y a veces torturadores que sin más resistencia, inútiles por retenerlos, deben ser desprendidos de la mente y verlos como también desaparecen. La naturaleza exterior se hermana con la interior y es nuestra mejor aliada para la sanación del cuerpo, la calma de la mente y la liberación del espíritu.

::::: 14/VIII/2014 :::::

El estudio del trance

La Psicología cognitiva-comportamental analiza los estados hipnóticos con metodologías que no pueden hacer otra cosa más que coincidir con sus previos supuestos teóricos.

Si aplicamos a estos investigadores el viejo refrán que dice *"Nada es verdad ni es mentira, todo es según el color del cristal con el que se mira"*, creo que tenemos la respuesta a la actitud mitómana y dogmática de estos perillanes académicos. Porque está claro que las funciones cerebrales cambian en Hipnosis, tal y como han demostrado las investigaciones realizadas con Resonancia Magnética Funcional, Electroencefalograma y Electrocardiograma.

Además, las últimas investigaciones psico-neuro-bio-fisiológicas (Dra. Helen Crawford, Universidad de Virginia en Estados Unidos) realizadas sobre los correlatos biológicos del estado hipnótico son unánimes: el estado hipnótico produce cambios en la actividad cardíaca, aumento de la actividad de las ondas cerebrales Alpha, disminución del tono muscular y una clara diferencia de los dos hemisferios cerebrales con predominio del hemisferio derecho. Estamos ante pruebas evidentes de que el estado de trance hipnótico está asociado muchas veces -aunque no siempre- a cambios en las respuestas físicas. Para una mayor evidencia de estos procesos, conviene repasar las investigaciones del Dr. Etzel Cardeña.

La palabra o concepto *"trance"*, que pone nerviosos a los psicólogos clínicos en general y a los cognitivos en particular, es un estado complejo y discutible de evidenciar si nos atenemos a respuestas objetivas físicas, pero si hablamos de Psicología es evidente que la Hipnosis es un verdadero estado de trance. Esto es evidente y demostrable. La etimología de la palabra *"trance"*, tal y como señala el diccionario de la Real Academia de la Lengua Española, proviene del latín 'transīre': transitar, transportarse, cruzar, pasar por encima. Merece la pena también detenerse en los múltiples significados de su parónimo *"entrada"* (relacionado con umbral, conducto, portal y canal).

Las experiencias conocidas como *"caer en trance"* o *"entrar en trance"* se refieren a un mecanismo psicológico en el que la persona se abandona a ciertas condiciones externas o internas y experimenta un estado de conciencia diferente. Los estados de trance son acompañados casi siempre por modificaciones cenestésicas y neurovegetativas. Esto es evidente para cualquier profesional que practique con regularidad, sobre todo sobre sí mismo. Aquí está la clave, los psicólogos clínicos –salvo excepciones– no practican la Hipnosis, no pasan de lo experimental (con otros) a lo experiencial (sobre sí mismos, autohipnosis).

Sivananda, un gran maestro de yoga, solía decir que una hora de práctica diaria de meditación vale más que mil horas de teoría y especulación.

::::: **22/VIII/2014** :::::

En Hipnosis todos los días

Es curioso observar la cantidad de miedos y prejuicios que tenemos ante la Hipnosis. Una gran desconocida y, paradójicamente, presente siempre en nuestra vida.

A veces hay gente que te dice *"A mí no me mires..."* en cuanto se enteran que eres *"hipnotizador"*.

Otras veces, si te quedas mirando a sus ojos fijamente, los hay que se ponen nerviosos. Incluso las personas que acuden a la consulta, de quienes se supone que ya traen algún conocimiento del uso terapéutico de la Hipnosis, también traen cierto temor o miedo inconsciente a perder el control, dormir y no enterarse de nada. Ya se sabe, los viejos tópicos sobre la Hipnosis. Lo más curioso es que en mi caso, por ejemplo, dedico un buen tiempo a desmitificar la Hipnosis, a advertirles que no hay pérdida de control consciente, a que no puedo hipnotizarles en contra de su voluntad, a que ellos tienen el control en todo momento, tanto para dejarse hipnotizar, como para salir del estado hipnótico en cuanto se lo propongan. Aún así, siempre los hay que conservan un temor inconsciente a que la Hipnosis suponga pérdida de voluntad, de control, de perder la propia conciencia y no enterarse de nada.

En fin, todos esos lugares comunes que tanto se han divulgado a través de la prensa, el cine, la radio y, sobre todo, la televisión. Para poner un buen ejemplo al que esté interesado en saber qué es la experiencia del trance, he pensado en un acto tan cotidiano y familiar como irse a la cama y quedarse plácidamente dormido. Concretamente el momento intermedio, es decir, la transición entre la vigilia y el sueño. Eso es precisamente el estado hipnótico por excelencia. En ese instante, la mente inconsciente es muy permeable a la sugestiones y tiene una gran receptividad de los funcionalismos del inconsciente.

Pese a todo, seguro que la gran mayoría seguirán creyendo que estar hipnotizado o ser hipnotizado es algo que les ocasiona pérdida de control y voluntad, es decir, que de alguna manera quedarán en manos del hipnotizador y no se enterarán de nada. Reflexionemos un segundo: si usted pierde la conciencia y no se entera de nada será porque usted está dormido o está muerto. Pero eso no es Hipnosis. ¿Queda claro?

::::: 2/IX/2014 :::::

Reflexiones sobre la regresión

Retomo en este blog unas reflexiones que realicé hace unos días en Facebook, referidas a la reencarnación. Nadie puede demostrar que exista la reencarnación, nadie puede demostrar que no exista…

Los debates, discusiones y controversias son propios de gente incapaz de bajarse a la realidad psicológica de sí mismo y explorar en el único terreno o territorio donde, tal vez, pueda hallarse una respuesta incontestable: en el propio espacio psicológico, en su propio inconsciente. Todo lo que somos y todo lo que potencialmente podemos llegar a ser, está ahí, dentro de uno mismo. Y si no lo encontramos dentro no lo encontraremos jamás fuera. No nos iluminamos más imaginando o fantaseando figuras de luz o ángeles que bajan del cielo para llevarnos volando a las vidas pasadas, no, sino iluminando con la propia luz de la conciencia ese lado ignoto, desconocido y tan cercano a nosotros mismos/as.

Hay gente que en unos minutos de trance hipnótico recuerda, evoca y hasta siente esas vidas anteriores desfilar ante su imaginación y visión interior. A otros nos cuesta semanas, y hasta meses de exploración e investigación diaria. Pero tengo muy claro que con el método por excelencia, la Hipnosis, es posible.

El tiempo no importa, pero si importa la motivación: por qué y para qué queremos recordar y qué utilidad práctica le daremos a eso recordado. Si queréis seguir explorando este apasionante campo de la Hipnosis y las regresiones, los próximos 25 y 26 de octubre estaré en Gran Canaria. Puede ser una magnifica oportunidad para darnos respuestas personalmente.

"La regresión hipnótica está dirigida a aquellos que creen saber. A quienes saben que no saben, y a aquellos a quienes les mueve el deseo y la voluntad de conocerse a sí mismos".

(R. Woolger)

::::: 22/IX/2014 :::::

El enigma de la regresión o renacimiento

Muchos piensan que a través de la Hipnosis se puede viajar al pasado y recuperar nítidamente recuerdos ocultos, reprimidos, pudiéndose revivir situaciones de supuestas vidas pasadas.

Es un asunto muy controvertido éste de lsa vidas pasadas, puesto que el funcionamiento neurobiológico de la memoria humana de largo plazo hace científicamente imposible tal cosa. La autodenominada Psicología 'científica' dice haber demostrado que la regresión hipnótica no es real, que no existe como tal. En este caso específico de la regresión, dice que no se está viajando literalmente al pasado sino recreando o imaginando que está allí, porque así le ha sido sugerido por el hipnotizador y porque proyecta su deseo de hacerlo. Desde este enfoque cognitivo-conductual, los que afirman tal cosa tienen razón a medias.

Si en la mente inconsciente no hay pasado ni futuro, si todo es presente, ahora, está claro que no hay 'viaje alguno'. Podemos preguntarnos también: cuando yo recuerdo mi niñez, ¿estoy regresando al pasado o estoy en el presente?; cuando conecto con algún recuerdo que sé que ocurrió en 'mi pasado' y siento tristeza, alegría o una variedad de emociones diversas, ¿estoy regresando al pasado o sigo en el presente?

Supongo que el psicólogo cognitivo-conductual lo tiene claro y se facilita a sí mismo la respuesta, más bien de carácter metafísico, ya que el concepto de inconsciente es para esta corriente de la Psicología una simple metáfora, un constructo mental y ahí se acaba la reflexión. En este sentido, plantean: Las neuronas de la memoria no pueden contener nada grabado o almacenado que pertenece a tiempo y época en que no se habían formado y por supuesto el individuo aún no había sido creado.

Si reflexionamos, esta observación es impropia de un verdadero científico por algo evidente: la Psicología oficial no estudia ni explora experimentalmente la Hipnosis regresiva a vidas pasadas, por lo tanto no la conoce, es decir, no puede hablar con conocimiento de causa. Así de fácil de entender resulta argumentar que estos clínicos no saben, no conocen experimental y experiencialmente el fenómeno de la regresión.

Evidentemente el hipnotizado no siempre cree que por el hecho de haberlo imaginado bajo Hipnosis, lo imaginado o proyectado se convierte en una realidad creíble, lo que aparte de falso, condiciona su conducta posterior. Ya hemos dejado bien claro que el terapeuta sabe que todo puede ser fabulación, metáforas terapéuticas o simples fantasías mentales sin más importancia.

Es lo que se hace con todo ese material, lo verdaderamente importante para el buen uso de la terapia.

Lo curioso de este discutido tema de la regresión es que naturalmente que los recuerdos de vidas pasadas no pueden estar contenidos en las neuronas de la memoria de largo plazo en nuestro cerebro. Si son experiencias ocurridas hace siglos, o en todo caso hace mucho tiempo y en una supuesta vida anterior y en otro cuerpo físico diferente al actual, pues este nuevo no puede contener grabado nada que no pertenezca a una experiencia actual y propia.

Conviene recordar una de las hipótesis que existen en este debate sobre vidas anteriores y reencarnación: Ashramp Sri Aurobindo (Renacimiento y Karma) plantea que la solución del enigma puede residir en otro tipo de memoria que realmente trascienda el tiempo y el espacio actual. Y esto no tendría nada que ver con las neuronas físicas formadas en el presente.

Las experiencias de las personas que dan testimonio de vidas anteriores, experiencias intrauterinas, etcétera, demuestran que forzosamente deben pertenecer a estados o niveles de la conciencia que corresponden a un psiquismo o dimensión psicológica-espiritual que se relaciona también con los estados de trance profundo. Es decir, estados emparentados con los el éxtasis, la conciencia objetiva lúcida, el Samadi o el estado búdico. Y por supuesto se relacionan con los estados 'Emergencias o crisis espirituales', fenómenos psicológicos explorados por algunos de los más notables investigadores de la Psicología, la antropología, y ciencias afines (referente avanzado y reconocido en este campo es el Dr. Etzel Cardeña). Es cierto y deben admitirlo: la ciencia nada sabe acerca de los estados superiores de conciencia.

Miles de años de tradición esotérica, mística y religiosa demuestran que somos algo más que un cuerpo y un cerebro material. Lo transpersonal es inherente a la conciencia humana. Los estados de desdoblamiento astral o experiencias extracorpóreas, los recuerdos perinatales o intrauterinos, los sueños premonitorios, las experiencias de retrocognición o telepatía, o precogniciones, y un largo etcétera de estados anómalos no encajan ni son explicados por la Psicología oficial.

Nada saben sobre la verdadera naturaleza de los mismos (ver Stanislav Grof, Kent Wilber, Stevenson, Etzel Cardeña, Tart…). Debería mantenerse en su campo y no agredir con acusaciones y denuncias falsas y carentes de fundamento a los que queremos con toda legitimidad explorar en esa mágica y fascinante dimensión transpersonal de nuestro propio psiquismo.

::::: 8/X/2014 :::::

Vivir es tu responsabilidad

Cada persona responde ante las sugestiones hipnóticas de diferentes maneras; muchos describen su estado hipnótico como un estado alterado o de trance, es decir, un estado alterado de la conciencia distinto —comparativamente— con el estado de vigilia habitual.

Otras personas dicen que la Hipnosis es un estado normal de su mente en el que, simplemente, tienen un mayor 'centramiento' y esto les provoca estados de calma y relajación profunda.

En general, la experiencia de estar hipnotizado se describe como algo agradable y placentero.

Desde una visión y experiencia terapéutica, cuando el profesional de la Hipnosis aclara a su cliente los falsos mitos y las ideas equivocadas, éste responde más satisfactoriamente y se deja llevar por las sugestiones hipnóticas.

La dificultad para entrar en trance hipnótico viene dada muchas veces por los miedos y preocupaciones de perder el control, generados por esas ideas falsas tan popularizadas en general por la visión circense del espectáculo. Es evidente y demostrable que la persona hipnotizada jamás pierde el control sobre sí mismo. Por lo general permanece consciente y en control de su persona. Sabe quién es, dónde está y cuál es el propósito que persigue en esa inducción hipnótica. Salvo casos específicos donde se sugiera amnesia, siempre recuerda lo que sucedió durante trance.

La Hipnosis facilita que el individuo experimente las sugestiones sugeridas por el profesional, pero no le obliga nunca a realizarlas. Puede rechazarlas o no, según su propia voluntad, la cuál nunca está en manos del profesional, siempre es manejada por él mismo.

Como ya se ha dicho muchas veces, toda Hipnosis es autohipnosis. Me alegro de que sea así. Si fuera el hipnotizador el que tuviera el control o dominio, a mí personalmente no me interesaría la Hipnosis.

Tendría, entre otros inconvenientes, demasiada responsabilidad.

Así que, estimado lector/a:

Asegúrate de responsabilizarte en el día de hoy de que nadie maneje tu vida, no le concedas a nadie ese poder sobre ti y tus estados de ánimo. Que nada ni nadie determine cómo has de vivenciar el día de hoy, que nadie tenga el poder de sacarte de tu centro de equilibrio y crearte malestar, ni llevarte a un estado de conciencia negativo, de angustia o que te haga sentirte inferior.

Sé tú mismo/a… atrévete y no dejes que ningún energúmeno decida por ti cómo has de sentirte en el día de hoy…

¿Y mañana? Está por venir y no sabemos qué nos deparará…

¿Ayer? Ya pasó y no puedes cambiar ni un punto, ni una coma de cuanto pasó…

Sólo tienes hoy como un regalo que el Universo te concede. Depende de ti cómo lo vivas. No delegues en nadie, es tu responsabilidad.

::::: 9/X/2014 :::::

Nuestro verdadero potencial

¿Nos hemos preguntado alguna vez por qué hay personas que consiguen los objetivos que se proponen sin necesidad de acudir a ningún especialista, con unas pocas nociones y sin ayuda profesional?

Me refiero al logro de objetivos tan dispares y complejos como adelgazar, dejar de fumar, abandonar hábitos perniciosos que merman nuestra calidad de vida, vivir sin que la ansiedad y el estrés estén presentes en nuestro ritmo diario, sacar adelante algún proyecto de trabajo o deportivo, etcétera.

Y, sin embargo, otras personas no son capaces de conseguirlo por sí mismas a pesar de haberlo intentado una y otra vez.

La clave está en los recursos internos, generalmente a nivel inconsciente.

La mente inconsciente representa entonces la fuente de donde se nutren la conciencia y la voluntad dirigidas hacia la resolución de problemas y hacia la formalización de nuevos objetivos.

Se optimiza un nuevo reencuadre para aprender a pensar, sentir y actuar de forma consecuente con el nuevo proyecto de evolución personal.

Si logramos esto, nos convertimos en personas con expectativas y pensamientos positivos y asertivos, somos en ese momento generadores de una nueva actitud más positiva y saludable, puesto que ya no nos dejamos llevar por pautas y comportamientos de pesimismo, abandono o lástima de nosotros/as mismos/as.

Dejamos atrás cualquier componente depresivo y estamos dispuestos a embarcarnos en el proceso de autoconocimiento interno.

Negarse a este reencuadre, a este aprender a pensar, sentir y actuar, supone en la práctica abonarse al fracaso desde el momento en que tendremos una tendencia lógica a abandonarnos, a no luchar, a confiar exclusivamente en el clínico cuando nos ataque la tristeza, el dolor o la angustia.

En esos casos, cometemos el error de buscar el socorro fuera, sin ser conscientes de que, la mayoría de las veces, el consuelo y la curación a nuestras dolencias (bien sean estas físicas o psicológicas) está en nuestro interior.

El clínico, cuando es requerido para ello, hará su labor médica, pero cada persona debe implicarse también en su propia sanación y explorar cuáles son las posibles causas que nos han llevado a enfermar o a tener determinados miedos, fobias, etcétera.

Hay personas dotadas de una inteligencia y lucidez mental tan despierta que les permite colocarse en una altura de miras tan alta que les capacita para poder llevar a cabo la consecución de sus objetivos sin necesidad de ayuda externa.

Sin embargo, pese a que los recursos son innatos e inherentes a cualquier ser humano y se encuentran en toda persona, en la mayoría de casos no sabemos cómo hacer que emerjan para utilizarlos en nuestro propio beneficio.

Las técnicas utilizadas en el abordaje terapéutico en Hipnosis ponen a nuestro alcance toda una amplia metodología de modelos y estrategias conducentes a generar y reforzar nuestros recursos internos.

Y esta es la clave de toda mi labor profesional. Estas técnicas hipnóticas aplicadas a la terapia despiertan las potencialidades de cada persona, para que podamos por nosotros/as mismos/as, ante un amplio abanico de situaciones problemáticas, resolverlas con facilidad y en un breve periodo de tiempo, obteniendo los mejores resultados a la hora de conseguir nuestros objetivos.

La Hipnosis es un medio (técnica o metodología) que nos brinda poder tener más control de nuestras experiencias. Nos permite descubrir habilidades y recursos en nosotros/as mismos/as a fin de mejorar la calidad de nuestra vida.

Sobre todo porque la calidad de vida es más bien un hábito mental.

Al igual que cualquier técnica o conocimiento intelectual, material o de superación personal, la Hipnosis en terapia requiere de su tiempo y contexto apropiado. Ése debería ser nuestro compromiso para con nosotros/as mismos/as.

Dicho de otro modo, darnos lo que merecemos y vivir en función de nuestras verdaderas potencialidades bio-psico-socio-espirituales.

Si no lo hacemos estaremos viviendo por debajo de nuestras posibilidades, por debajo de nuestras verdaderas capacidades.

::::: 15/X/2014 :::::

Preguntas básicas en terapia con Hipnosis

Ala hora de abordar la terapia en Hipnosis, hay algunas preguntas importantes que siempre deben realizarse. Os dejo aquí un pequeño listado:

1. Cuáles son los síntomas o motivaciones que llevan al cliente a buscar ayuda
   o Identificar a grandes rasgos el asunto que le trae al gabinete
   o Qué problemas concretos le traen hoy por aquí
   o Relatar de manera cronológica los síntomas actuales
   o Cuál es la razón que le anima a buscar
2. El problema es antiguo o no
   o Cuándo fue la primera vez que le pasó eso
   o Cuándo le afecta más y con quién
   o Cuándo le afecta más y cómo
   o Cuándo fue la última vez que le afectó
3. Qué factores cree él que son agravantes

- o En qué situaciones se manifiesta
- o Lugares o personas que están implicadas
- o Cuál fue el momento más grave que ahora recuerda
- o Retrocede en el tiempo hasta llegar a cuando más le afectaba
- o Existe algo (da igual el motivo) relacionado con ese problema

4. Tiene algo que ver con la infancia… hogar… familia…

- o Cómo discurrió su infancia
- o Cuál fue el momento menos grave que recuerda
- o Cómo fue su nacimiento y la naturaleza del parto

5. Cuál es su temperamento…

- o Qué hábitos tiene
- o Al levantarse hoy, cómo se encontraba
- o Ese problema, cómo le afecta hoy

Realmente es fundamental la habilidad y destreza del hipnoterapeuta a la hora de acompañar al cliente en su exploración y la base es saber qué preguntar y cómo preguntar. En lo que dice y cómo lo dice está la clave: el paciente sabe más que el profesional y, a través de su lenguaje (verbal y no verbal) nos está diciendo lo que le pasa y, además, qué es lo que realmente necesita que hagamos en nuestra labor terapéutica.

El inconsciente sabe más que su consciente. El terapeuta solo debe tener la habilidad de escuchar y entrar él mismo en autohipnosis, ser intuitivo, crear un puente de inconsciente a inconsciente.

Lo demás viene por añadidura…

::::: **24/X/2014** :::::

Visualización que cura

En ocasiones conviene recordar las enseñanzas de los clásicos de la Psicología.

Es el caso de Franz Alexander, del que ya os he hablado en alguna ocasión.

Este médico psicoanalista es considerado el padre de la medicina psicosomática.

Hace ya más de 70 años escribió:

"Muchas alteraciones crónicas no son causadas por factores externos, mecánicos, químicos o por microorganismos, sino por el estrés funcional crónico continuo que surge durante la vida cotidiana del organismo en su lucha por la existencia".

Y aquí es donde entra en juego la visualización. El trance hipnótico combinado con visualización es facilitador y optimizador de los recursos y capacidades de la propia mente.

La visualización puede curar.

::::: 1/XI/2014 :::::

Trauma: del vientre materno a la catarsis (I)

"Sólo uno mismo conoce la verdad sobre su propia historia, que sigue guardada en su memoria celular".

Peter Bourquin

¿Qué somos, qué nos pasa, por qué nos pasa, cómo nos condiciona? ¿cómo reaccionamos ante lo que nos pasa?

Cuando sufrimos un gran shock, en especial en la infancia, se genera un conflicto (trauma) que queda grabado en nuestro inconsciente. El cerebro lo va a guardar, como un programa informático instalado en un ordenador, en la memoria celular, donde permanecerá si no se resuelve o libera esa energía reprimida mediante la oportuna abreacción (exteriorización de los contenidos causantes del miedo, vergüenza, terror, angustia, rabia o sensación de pérdida de la vida, etcétera).

Nuestra vida diaria se procesará entonces en función de ese trauma o huella mnémica, huella de creencias limitantes que se alimentan de nuestros miedos o creencias almacenadas y grabadas a nivel inconsciente. Paradójicamente esto será así aunque a nivel consciente la persona no sepa o no recuerde dichos eventos traumatizantes. La mente consciente lo puede olvidar por efecto de una amnesia protectora, generada por el mismo inconsciente como mecanismo protector.

Muchos de estos traumas se desarrollan durante eventos primarios de nuestras vidas, desde el vientre materno. Por ejemplo, los propios miedos, angustia y ansiedad de la madre son trasladados al feto y éste queda impregnado de esas sustancias químicas, verdadero veneno para la persona que va a nacer. Las sustancias que circulan por el torrente sanguíneo de la madre llegan al feto vía cordón umbilical, y dichas sustancias pueden ser adrenalina, noradrenalina (catecolaminas), cortisol o encefalina cuando la mujer gestante vive episodios de estrés, pérdidas emocionales, miedo al aborto u otras dificultades psicológicas. El cuerpo del bebé recibe todo eso de forma directa y reacciona, interpretando y memorizando a nivel celular.

Algunos expertos afirman que, en determinados momentos de especial crisis emocional, puede darse una paralización de procesos de la gestación para afrontar el hecho traumático o estresante vivido por la madre. No se trata de suposiciones, sino que se han llegado a observar marcas dentales a nivel microscópico relacionadas con traumas de la madre en el embarazo.

El doctor Thomas Verny, psiquiatra canadiense autor del libro 'La vida secreta del niño antes de nacer', nos dice:

"El amor de una madre hacia su hijo/a, las ideas que se forma de él, la riqueza de comunicación que establece con él, tienen una influencia determinante sobre su desarrollo físico, sobre las líneas de fuerza de su personalidad y sobre sus predisposiciones de carácter".

Tesa Rodríguez, terapeuta de Gestalt en Aqua Aura, lo explica de una forma excelente en su blog:

Desde el mismo instante en que dos cigotos se unen, el embrión es consciente de su existencia en el plano físico. Primeramente los impactos de información llegan a él, a través de las vibraciones que recorren el cuerpo de la madre, los movimientos de sus órganos internos y junto a ellos una cascada bioquímica que a medida que se van desarrollando sus órganos físicos de percepción, le servirán para enriquecer aún más el mapa del mundo que le rodea. Un mar de líquido amniótico cargado de nutrientes, en un abrazo protector del útero. El bebé sí es consciente de todo lo que vive la madre y *"pasa"* una memoria a su mundo intrauterino, marcando así una tendencia emocional y de actuar del futuro individuo. A esto lo podemos llamar memorias prenatales y de nacimiento, las cuales son la base de muchos de los miedos, casi el 90% de los cuales son derivados de esas experiencias intrauterinas y perinatales del bebé. Podemos afirmar que el ser humano es un ser integral desde el inicio de la vida, desde que el espermatozoide se une con el óvulo y se inicia la eclosión celular. Han dado fe de ello en las últimas décadas un sinfín de terapias y corrientes psicológicas, donde se ha puesto de manifiesta el daño emocional, el dolor profundo que se ha generado en la persona, sólo por no saber que el bebé es sensible y consciente, guardando en su memoria celular toda la información recogida desde el minuto cero, incluso se han podido constatar mediante experiencias regresivas que los factores sociales, familiares y personales de los futuros padres también influyen, ya que la madre registra bioquímicamente y secularmente sus vivencias, creando una memoria o somatización de lo propio, que será pasado como parte del legado biológico al futuro bebé, tal como lo hemos ejemplificado anteriormente.

De modo que el trauma queda grabado a fuego incluso desde el vientre materno.

Sobre cómo afrontarlo y el papel de la Hipnosis… en la siguiente entrada de este blog.

::::: 4/XI/2014 :::::

Trauma: del vientre materno a la catarsis (II)

En la anterior entrada de este blog quedó explicado la importancia del trauma (incluso desde el vientre materno) en la vida posterior de la persona. El peso de la herencia que deja el trauma marca todo nuestro devenir, aunque no seamos conscientes de ello. Y aquí es donde entra en juego el concepto y la búsqueda de la catarsis.

catarsis. (Del gr. κάθαρσις, purga, purificación).

3. f. Purificación, liberación o transformación interior suscitados por una experiencia vital profunda.

Josef Breuer y Sigmund Freud, iniciadores del psicoanálisis, retomaron este concepto en sus primeros trabajos y denominaron método catártico a la expresión o remembranza de una emoción o recuerdo reprimido durante el tratamiento, lo que generaría un *"desbloqueo"* súbito de dicha emoción o recuerdo, pero con un impacto duradero (y le permitiría luego al paciente, por ejemplo, entender mejor dicha emoción o evento o incluso hablar ampliamente sobre ello.

El secreto central de por qué algo del pasado sigue afectando y condicionando el presente lo tenemos en la naturaleza misma del inconsciente a nivel psicológico: en el inconsciente no hay futuro, no hay pasado… es atemporal, amoral, es siempre ahora, presente.

Por este motivo, dado que el inconsciente es atemporal, que no reconoce pasado ni futuro, que todo en él es presente… no presenta ni reconoce contradicciones y en él coexisten diversos sucesos antitéticos.

La expresión de los contenidos del inconsciente se realiza mediante lenguaje simbólico y se rige por el 'principio del placer', ya que busca siempre gratificación y no tolera el displacer.

Los estudiosos de Aristóteles, en referencia a su concepción sobre las obras teatrales de la Grecia antigua, señalan que el filósofo entendía la catarsis como la facultad de la tragedia de redimir (o *"purificar"*) al espectador de sus propias bajas pasiones, al verlas proyectadas en los personajes de la obra y al permitirle ver el castigo merecido e inevitable de éstas; pero sin experimentar dicho castigo él mismo.

Conforme a este planteamiento, al involucrarse en la trama, la audiencia puede experimentar dichas pasiones junto con los personajes, pero sin temor a sufrir sus verdaderos efectos. De modo que, después de presenciar la obra teatral, se entenderá mejor a sí mismo, y no repetirá la cadena de decisiones que llevaron a los personajes a su fatídico final.

¿Y en terapia?

La terapia catártica o método catártico consiste en que el efecto terapéutico buscado es una purga, una descarga adecuada de los efectos patógenos. La cura permite al sujeto evocar e incluso revivir los acontecimientos traumáticos a los que se hallan ligados dichos afectos, y lograr la descarga de éstos por las vías normales, como el llanto.

Sea como sea, la catarsis es siempre liberadora y nos permite sanar esa parte ahí atrapada y que es generadora de miedos y angustia en el presente, la liberación terapéutica solamente puede producirse cuando liberamos en el presente, en el consciente, esas energías patógenas ahí atrapadas desde el pasado.

El trauma, por muy antiguo que sea, es presente. Y es en el ahora cuando debe afrontarse.

Esto no es teoría o suposición. En la psique, en el inconsciente todo es ahora, aunque tampoco nos podemos confundir: cuando hablamos de trauma y memoria celular no nos referimos a hechos o circunstancias de otras personas con vinculación genética, porque si mi bisabuelo Eulogio se cayó de su mula Basilia fue su problema, no el mío. Al hablar de memoria celular me refiero a otra cosa.

Se entiende que los conflictos de mi madre mientras yo estaba en su útero me afectan transmitidos a través de la sangre, la placenta… pero pretender que las experiencias de mis antepasados a nivel de memoria celular me lleguen a mí y que yo apechugue con todos los desvaríos o problemas que ellos tuvieron, es un supuesto teórico sin base alguna. Otra cosa es la herencia genética.

Resumiendo, que tú y solo tú eres responsable de tus conflictos y problemas, solo a ti te compete alcanzar el autoconocimiento. Tú eres responsable de tu sanación. De tu comprensión depende que sanes y te liberes de todo lo que te afecta. Solo compete a tu vida, ahora y aquí. Trauma, terapia, catarsis.

Y dejemos al bisabuelo Eulogio y a la mula Basilia que bastante les tocó sufrir y trabajar, que descansen en paz.

A cada cual, su faena…

::::: 7/XI/2014 :::::

El potencial de tu mente inconsciente

Tu corazón bombea la sangre que circula por todo tu cuerpo, seas o no consciente de ello, e incluso sin necesidad de saber cómo es que sucede.

¿Cómo hace el corazón para latir rápido o más lento?

¿Cómo sabe el corazón cuándo latir más deprisa, bombear más sangre, transportar más oxígeno para la combustión y la energía que necesitan los músculos?

¿Cómo sabe el corazón cuándo parar, disminuir porque ya no necesita transportar tanto oxígeno?

¿Cómo hace el corazón para ralentizarse poco a poco?

Seas consciente o no de ello, eso sucede en tu interior, estando tu mente consciente ocupada en cosas del exterior. Así es que, ¿cómo hacen tus pulmones para respirar? Claro que si te lo preguntas, realmente tus pulmones dirían que ellos no respiran, simplemente ventilan. La verdadera respiración ocurre a través de las células, que acaparan oxígeno, energía y amor a la vida y sueltan anhídrido carbónico y otras sustancias de desecho con la exhalación.

Y toda esa maravilla, ese proceso, esa alquimia maravillosa ocurre constantemente en nuestro interior sin que la parte exterior o el consciente sepa cómo.

Esto demuestra el enorme trabajo interno de tu mente inconsciente.

Piensa en cómo hace tu cuerpo para mantener la temperatura: ¿cómo se abren y se cierran los poros de tu piel según haga calor o frío?

Pensamos que lo controlamos todo, que lo sabemos todo sobre nosotros/as, pero ¿cómo haces para que los latidos de tu corazón bombeen constantemente?

¿Cómo haces para que tus funciones vitales sigan en orden mientras duermes?

¿Cómo sabes qué puedes y qué no puedes llegar a conseguir?

Si haces todas estas maravillas de forma inconsciente, ¿cómo sabes hasta dónde alcanza tu potencial?

¡Tu mente inconsciente tiene muchas más capacidades de las que crees: experimenta, recurre a ella, atrévete a explorar sus posibilidades!

::::: **9/XI/2014** :::::

Nada nuevo bajo el sol

Personas que estemos trabajando regularmente con los estados modificados de la conciencia como crecimiento personal, gente que estemos trabajando con *"pacientes"* que depositan su confianza, dinero y tiempo en nuestro buen quehacer…

Pocas veces he estado tan bien acompañado (de izquierda a derecha): Calogero Grifasi, yo mismo, Jorge Puyana y Aurelio Mejía.

Personas que estemos comprometidos con nuestra propia psicoterapia, sanarnos y mejorar a sí mismos…

Personas que seamos capaces de aceptar que, aunque creamos que sabemos mucho y por lo tanto tengamos confianza en nosotros mismos, sabemos y aceptamos que nos falta casi todo por aprender…

Personas que seamos conscientes de que el orgullo y la soberbia son malas compañías para llevar este proceso adelante…

Personas que seamos conscientes de que NADA NUEVO HAY BAJO EL SOL…

Personas que seamos conscientes de que la unión hace la fuerza y de que todos -al compartir- aprendemos de todos….que nadie es más que nadie… que todos aprendemos, al compartir, de todos…

Personas que dejen de mirarse el ombligo creyendo que el resto no tiene tal apéndice…

Personas así es lo que necesitamos para hacer de esta profesión de *"hipnoterapeutas"* la más eficaz y eficiente escuela de psicoterapia…

Vemos y comprobamos que hay demasiado protagonismo, celos y envidias y mucho descalificador suelto por ahí…

Gente muy miserable intelectual y moralmente -en una de mis antiguas entradas en mi blog mencioné algunos casos-, tengo unas cuantas experiencias personales que contar y en su día tal vez lo haga…

Ahora me gustaría invocar a las conciencias de todos los que amamos esta profesión para unirnos, compartir y trabajar en beneficio de la humanidad, pero sobre todo, trabajar y psicoanalizarnos a nosotros mismos/as…

Creo que esa es la clave:

"Nadie puede enseñar algo a alguien, si no lo conoce él primero".

¿Quién puede enseñar cómo transitar un camino a otro? Obviamente el que lo ha transitado antes… Esta es mi meditación en este domingo frío y lluvioso por los campos que, dicen, cabalgaba Don Quijote y su fiel escudero Sancho…

¿Y para mañana, lunes? ¡¡¡También!!!!

Un fuerte abrazo para todos/as los que compartís estas lecturas y escritos…

::::: **16/XI/2014** :::::

Nada se da regalado

Muchas veces cuando una persona acude a una consulta de psicoterapia para resolver sus miedos o fobias no sabe que, aunque viene buscando cómo resolver ese problema, al final se encontrará con algo definitivo: con su psique más profunda, con el lado menos conocido de sí mismo, en síntesis, con su propia alma.

La psicoterapia, la Psicología, debería ser algo más que poner un simple 'parche' al paciente que está limitado en su vida por alguna fobia, ansiedad o miedo. Desgraciadamente, hasta el verdadero sentido etimológico de la palabra Psicología se ha perdido. La palabra Psicología toma su nombre de la palabra 'Psyche' = Alma y 'Logia' = Estudio de. De forma que Psicología es el estudio ('Logia') del Alma ('Psyche'). La palabra 'Psyche' es una traducción tradicional de la palabra 'Psuche' (el aliento de vida).

En todo proceso terapéutico, más allá de su dolor y sufrimiento, el paciente busca curar su dolencia o un reencuentro consigo mismo. Y también debería ser para el aprendizaje de su alma. La experiencia es liberadora y transformadora y permite alcanzar la libertad, en el cuerpo, en la mente, remontar el vuelo en alas del espíritu.

Esto debería ser así a través de un proceso transpersonal. Pero todo cuesta, nada se da regalado, el resultado final, y durante el proceso, depende de una práctica diaria y regular.

Además, está la actitud, el compromiso con el proceso mismo. Ante las dificultades, muchas personas se echan atrás, abandonan, se sienten frustradas, decepcionadas y dicen que la técnica no ha respondido a sus expectativas. Ésa es otra clave: las falsas expectativas y las creencias que muchas personas tienen acerca del proceso en sí y hacia la Hipnosis en general, puesto que creen que es una varita mágica que les va a resolver sus problemas de la noche a la mañana y casi sin hacer ningún esfuerzo.

Esas personas abandonan rápidamente la terapia y se van a buscar algún sanador o curandero que, con sus dotes clarividentes, les solucione rápidamente su angustia existencial sin que ellos tengan que sufrir y aprender del proceso de autodescubrimiento. Al final seguirán con el mismo problema y seguirán igual de ignorantes.

::::: 8/XII/2014 :::::

Mariposa

Pensando en lo que algunos esperan de la Hipnosis y la terapia, recuerdo el conocido cuento de la mariposa, que recojo del libro de Mercè Conangla i Marín y Jaume Soler i Lleonart titulado 'aplícate el cuento'.

La mariposa tiene que esforzarse para llegar a serlo. La terapia exige implicación y esfuerzo del paciente.

El relato dice así:

"Un hombre encontró un capullo de una mariposa y se lo llevó a casa para poder ver a la mariposa cuando saliera del capullo. Un día vio que había un pequeño orificio y entonces se sentó a observar por varias horas, viendo que la mariposa luchaba por poder salir del capullo. El hombre vio que forcejeaba duramente para poder pasar su cuerpo a través del pequeño orificio en el capullo, hasta que llegó un momento en el que pareció haber cesado de forcejear, pues aparentemente no progresaba en su intento. Pareció que se había atascado. Entonces el hombre, en su bondad, decidió ayudar a la mariposa y con una pequeña tijera cortó al lado del orificio del capullo para hacerlo más grande y así fue que por fin la mariposa pudo salir. Sin embargo, al salir la mariposa tenía el cuerpo muy hinchado y unas alas pequeñas y dobladas. El hombre continuó observando, pues esperaba que en cualquier instante las alas se desdoblarían y crecerían lo suficiente para soportar al cuerpo, el cual se contraería al reducir lo hinchado que estaba. Ninguna de las dos situaciones sucedieron y la mariposa solamente podía arrastrarse en círculos con su cuerpecito hinchado y sus alas dobladas... Nunca pudo llegar a volar. Lo que el hombre en su bondad y apuro

no entendió, fue que la restricción de la apertura del capullo y la lucha requerida por la mariposa, para salir por el diminuto agujero, era la forma en que la naturaleza forzaba fluidos del cuerpo de la mariposa hacia sus alas, para que estuviesen grandes y fuertes y luego pudiese volar. Libertad y el volar solamente podrán llegar luego de la lucha. Al privar a la mariposa de la lucha, también le fue privada su salud. Algunas veces las luchas son lo que necesitamos en la vida. Si se nos permitiese progresar por nuestras vidas sin obstáculos, se estancaría nuestro crecimiento".

Si alguien viene a la Hipnosis o a cualquier psicoterapia sin estar dispuesto a realizar un trabajo regular y constante, está tan perdido como lo estuvo la mariposa de esta metáfora.

::::: **11/XII/2014** :::::

Tres años de blog

Como que no quiere la cosa, pero este blog que con tanta paciencia me habéis soportado cumple ya tres añitos.

La primera entrada, que era una presentación y un saludo, la publiqué en diciembre de 2011.

Hipnosis en terapia

Soy Horacio Ruiz, hipnoterapeuta. Éste es mi blog.

Saludos

Bienvenidos a este espacio creado para reflexionar sobre el apasionante mundo de la hipnosis.

Comentando este cumpleaños con los responsables de mi editorial (**TintaMala**), me sugirieron la posibilidad de recoger todo ese material (no solo las entradas, sino los enlaces a las más de veinte grabaciones que os he ofrecido) en un libro.

Me parece muy buena idea y creo que puede ser una obra en la que se reúna toda la información y todas las reflexiones que os he ido dejando por aquí.

Así que, amigos y amigas, en breve nuevo libro.

::::: **28/XII/2014** :::::

Sobre el autor

SOBRE EL AUTOR

Horacio Ruiz es uno de los más conocidos y respetados profesionales de la hipnosis de España. **Presidente de la Asociación Española de Hipnosis Clásica y Ericksoniana** y **Premio Ciencia y Humanidad 2004** por su labor terapéutica en el uso de la hipnoterapia, atesora una amplia labor y experiencia en este campo.

Formado en Hipnosis Ericksoniana y Patrones de Cambio DBM por la Universidad de Valencia, lleva más tres décadas de estudio y práctica en el campo de la psicología y estados no ordinarios de la conciencia.

horacioruiz.es

hipnosisenterapia.com

info@horacioruiz.es

@hhipnosis